心一堂術數古籍珍本叢刊

書名：命相談奇（虛白廬藏本）第六集
系列：心一堂術數古籍珍本叢刊　星命類　相術類　第三輯　316
作者：【民國】齊東野
主編、責任編輯：陳劍聰
心一堂術數古籍珍本叢刊編校小組：陳劍聰　素聞　鄒偉才　虛白盧主　丁鑫華

出版：心一堂有限公司
通訊地址：香港九龍旺角彌敦道六一〇號荷李活商業中心十八樓〇五—〇六室
深港讀者服務中心：中國深圳市羅湖區立新路六號羅湖商業大廈負一層〇〇八室
電話號碼：(852)9027-7110
網址：publish.sunyata.cc
電郵：sunyatabook@gmail.com
網店：http://book.sunyata.cc
淘寶店地址：https://sunyata.taobao.com
微店地址：https://weidian.com/s/1212826297
臉書：https://www.facebook.com/sunyatabook
讀者論壇：http://bbs.sunyata.cc/

版次：二零二零年四月初版
平裝

定價：港幣　九十八元正
　　　新台幣　四百五十元正

國際書號：ISBN 978-988-8583-21-8

香港發行：香港聯合書刊物流有限公司
地址：香港新界大埔汀麗路36號中華商務印刷大廈3樓
電話號碼：(852)2150-2100
傳真號碼：(852)2407-3062
電郵：info@suplogistics.com.hk

台灣發行：秀威資訊科技股份有限公司
地址：台灣台北市內湖區瑞光路七十六巷六十五號一樓
電話號碼：+886-2-2796-3638
傳真號碼：+886-2-2796-1377
網絡書店：www.bodbooks.com.tw
台灣秀威書店讀者服務中心：
地址：台灣台北市中山區松江路二〇九號一樓
電話號碼：+886-2-2518-0207
傳真號碼：+886-2-2518-0778
網絡書店：http://www.govbooks.com.tw

中國大陸發行　零售：深圳心一堂文化傳播有限公司
深圳地址：深圳市羅湖區立新路六號羅湖商業大廈負一層〇〇八室
電話號碼：(86)0755-82224934

心一堂微店二維碼

心一堂淘寶店二維碼

心一堂術數古籍 珍本 整理 叢刊 總序

術數定義

術數，大概可謂以「推算（推演）、預測人（個人、群體、國家等）、事、物、自然現象、時間、空間方位等規律及氣數，並或通過種種『方術』，從而達致趨吉避凶或某種特定目的」之知識體系和方法。

術數類別

我國術數的內容類別，歷代不盡相同，例如《漢書・藝文志》中載，漢代術數有六類：天文、曆譜、五行、蓍龜、雜占、形法。至清代《四庫全書》，術數類則有：數學、占候、相宅相墓、占卜、命書、相書、陰陽五行、雜技術等，其他如《後漢書・方術部》、《藝文類聚・方術部》、《太平御覽・方術部》等，對於術數的分類，皆有差異。古代多把天文、曆譜、及部分數學均歸入術數類，而民間流行亦視傳統醫學作為術數的一環；此外，有些術數與宗教中的方術亦往往難以分開。現代民間則常將各種術數歸納為五大類別：命、卜、相、醫、山，通稱「五術」。

本叢刊在《四庫全書》的分類基礎上，將術數分為九大類別：占筮、星命、相術、堪輿、選擇、三式、讖諱、理數（陰陽五行）、雜術（其他）。而未收天文、曆譜、算術、宗教方術、醫學。

術數思想與發展——從術到學，乃至合道

我國術數是由上古的占星、卜筮、形法等術發展下來的。其中卜筮之術，是歷經夏商周三代而通過「龜卜、蓍筮」得出卜（筮）辭的一種預測（吉凶成敗）術，之後歸納並結集成書，此即現傳之《易

經》。經過春秋戰國至秦漢之際，受到當時諸子百家的影響、儒家的推崇，遂有《易傳》等的出現，原本是卜筮術書的《易經》，被提升及解讀成有包涵「天地之道（理）」之學。因此，《易・繫辭傳》曰：「易與天地準，故能彌綸天地之道。」

漢代以後，易學中的陰陽學說，與五行、九宮、干支、氣運、災變、律曆、卦氣、讖緯、天人感應說等相結合，形成易學中象數系統。而其他原與《易經》本來沒有關係的術數，如占星、形法、選擇，亦漸漸以易理（象數學說）為依歸。《四庫全書・易類小序》云：「術數之興，多在秦漢以後。要其旨，不出乎陰陽五行，生尅制化。實皆《易》之支派，傳以雜說耳。」至此，術數可謂已由「術」發展成「學」。

及至宋代，術數理論與理學中的河圖洛書、太極圖、邵雍先天之學及皇極經世等學說給合，通過術數以演繹理學中「天地中有一太極，萬物中各有一太極」（《朱子語類》）的思想。術數理論不單已發展至十分成熟，而且也從其學理中衍生一些新的方法或理論，如《梅花易數》、《河洛理數》等。

在傳統上，術數功能往往不止於僅僅作為趨吉避凶的方術，及「能彌綸天地之道」的學問，亦有其「修心養性」的功能，「與道合一」（修道）的內涵。《素問・上古天真論》：「上古之人，其知道者，法於陰陽，和於術數。」數之意義，不單是外在的算數、歷數、氣數，而是與理學中同等的「道」、「理」—心性的功能，北宋理氣家邵雍對此多有發揮：「聖人之心，是亦數也」、「萬化萬事生乎心」、「心為太極」。《觀物外篇》：「先天之學，心法也。……蓋天地萬物之理，盡在其中矣，心一而不分，則能應萬物。」反過來說，宋代的術數理論，受到當時理學、佛道及宋易影響，認為心性本質上是等同天地之太極。天地萬物氣數規律，能通過內觀自心而有所感知，即是內心也已具備有術數的推演及預測、感知能力；相傳是邵雍所創之《梅花易數》，便是在這樣的背景下誕生。

《易・文言傳》已有「積善之家，必有餘慶；積不善之家，必有餘殃」之說，至漢代流行的災變說及讖緯說，我國數千年來都認為天災，異常天象（自然現象），皆與一國或一地的施政者失德有關；下至家族、個人之盛衰，也都與一族一人之德行修養有關。因此，我國術數中除了吉凶盛衰理數之外，人心的德行修養，也是趨吉避凶的一個關鍵因素。

術數與宗教、修道

在這種思想之下，我國術數不單只是附屬於巫術或宗教行為的方術，又往往是一種宗教的修煉手段--通過術數，以知陰陽，乃至合陰陽（道）。「其知道者，法於陰陽，和於術數。」例如，「奇門遁甲」術中，即分為「術奇門」與「法奇門」兩大類。「法奇門」中有大量道教中符籙、手印、存想、內煉的內容，是道教內丹外法的一種重要外法修煉體系。甚至在雷法一系的修煉上，亦大量應用了術數內容。此外，相術、堪輿術中也有修煉望氣（氣的形狀、顏色）的方法；堪輿家除了選擇陰陽宅之吉凶外，也有道教中選擇適合修道環境（法、財、侶、地中的地）的方法，以至通過堪輿術觀察天地山川陰陽之氣，亦成為領悟陰陽金丹大道的一途。

易學體系以外的術數與的少數民族的術數

我國術數中，也有不用或不全用易理作為其理論依據的，如揚雄的《太玄》、司馬光的《潛虛》。也有一些占卜法、雜術不屬於《易經》系統，不過對後世影響較少而已。

外來宗教及少數民族中也有不少雖受漢文化影響（如陰陽、五行、二十八宿等學說。）但仍自成系統的術數，如古代的西夏、突厥、吐魯番等占卜及星占術，藏族中有多種藏傳佛教占卜術、苯教占卜術、擇吉術、推命術、相術等；北方少數民族有薩滿教占卜術；不少少數民族如水族、白族、布朗族、佤族、彝族、苗族等，皆有占雞（卦）草卜、雞蛋卜等術，納西族的占星術、占卜術，彝族畢摩的推命術、占卜術……等等，都是屬於《易經》體系以外的術數。相對上，外國傳入的術數以及其理論，對我國術數影響更大。

曆法、推步術與外來術數的影響

我國的術數與曆法的關係非常緊密。早期的術數中，很多是利用星宿或星宿組合的位置（如某星在某州或某宮某度）付予某種吉凶意義，并據之以推演，例如歲星（木星）、月將（某月太陽所躔之宮次）等。不過，由於不同的古代曆法推步的誤差及歲差的問題，若干年後，其術數所用之星辰的位置，已與真實星辰的位置不一樣了；此如歲星（木星），早期的曆法及術數以十二年為一周期（以應地支），與木星真實周期十一點八六年，每幾十年便錯一宮。後來術家又設一「太歲」的假想星體來解決，是歲星運行的相反，週期亦剛好是十二年。而術數中的神煞，很多即是根據太歲的位置而定。又如六壬術中的「月將」，原是立春節氣後太陽躔娵訾之次而稱作「登明亥將」，至宋代，因歲差的關係，要到雨水節氣後太陽才躔娵訾之次，當時沈括提出了修正，但明清時六壬術中「月將」仍然沿用宋代沈括修正的起法沒有再修正。

由於以真實星象周期的推步術是非常繁複，而且古代星象推步術本身亦有不少誤差，大多數術數除依曆書保留了太陽（節氣）、太陰（月相）的簡單宮次計算外，漸漸形成根據干支、日月等的各自起例，以起出其他具有不同含義的眾多假想星象及神煞系統。唐宋以後，我國絕大部分術數都主要沿用這一系統，也出現了不少完全脫離真實星象的術數，如《子平術》、《紫微斗數》、《鐵版神數》等。後來就連一些利用真實星辰位置的術數，如《七政四餘術》及選擇法中的《天星選擇》，也已與假想星象及神煞混合而使用了。

隨着古代外國曆（推步）、術數的傳入，如唐代傳入的印度曆法及術數，元代傳入的回回曆等，其中我國占星術便吸收了印度占星術中羅睺星、計都星等而形成四餘星，又通過阿拉伯占星術而吸收了其中來自希臘、巴比倫占星術的黃道十二宮、四大（四元素）學說（地、水、火、風），並與我國傳統的二十八宿、五行說、神煞系統並存而形成《七政四餘術》。此外，一些術數中的北斗星名，不用我國傳統的星名：天樞、天璇、天璣、天權、玉衡、開陽、搖光，而是使用來自印度梵文所譯的：貪狼、巨門、祿存、文曲，廉貞、武曲、破軍等，此明顯是受到唐代從印度傳入的曆法及占星術所影響。如星命術中的《紫微斗數》及堪輿術中的《撼龍經》等文獻中，其星皆用印度譯名。及至清初《時憲曆》，置閏之法則改用西法「定氣」。清代以後的術數，又作過不少的調整。

此外，我國相術中的面相術、手相術，唐宋之際受印度相術影響頗大，至民國初年，又通過翻譯歐西、日本的相術書籍而大量吸收歐西相術的內容，形成了現代我國坊間流行的新式相術。

陰陽學——術數在古代、官方管理及外國的影響

術數在古代社會中一直扮演着一個非常重要的角色，影響層面不單只是某一階層、某一職業、某一年齡的人，而是上自帝王，下至普通百姓，從出生到死亡，不論是生活上的小事如洗髮、出行等，大事如建房、入伙、出兵等，從個人、家族以至國家，從天文、氣象、地理到人事、軍事，從民俗、學術到宗教，都離不開術數的應用。我國最晚在唐代開始，已把以上術數之學，稱作陰陽（學），行術數者稱陰陽人。（敦煌文書、斯四三二七唐《師師漫語話》：「以下說陰陽人謾語話」，此說法後來傳入日本，今日本人稱行術數者為「陰陽師」）。一直到了清末，欽天監中負責陰陽術數的官員中，以及民間術數之士，仍名陰陽生。

古代政府的中欽天監（司天監），除了負責天文、曆法、輿地之外，亦精通其他如星占、選擇、堪輿等術數，除在皇室人員及朝庭中應用外，也定期頒行日書、修定術數，使民間對於天文、日曆用事吉凶及使用其他術數時，有所依從。

我國古代政府對官方及民間陰陽學及陰陽官員，從其內容、人員的選拔、培訓、認證、考核、律法監管等，都有制度。至明清兩代，其制度更為完善、嚴格。

宋代官學之中，課程中已有陰陽學及其考試的內容。（宋徽宗崇寧三年〔一一零四年〕崇寧算學令：「諸學生習……並曆算、三式、天文書。」「諸試……三式即射覆及預占三日陰陽風雨。天文即預

定一月或一季分野災祥，並以依經備草合問為通。」

金代司天臺，從民間「草澤人」（即民間習術數人士）考試選拔：「其試之制，以《宣明曆》試推步，及《婚書》、《地理新書》試合婚、安葬，並《易》筮法，六壬課、三命、五星之術。」（《金史》卷五十一・志第三十二・選舉一）

元代為進一步加強官方陰陽學對民間的影響、管理、控制及培育，除沿襲宋代、金代在司天監掌管陰陽學及中央的官學陰陽學課程之外，更在地方上增設陰陽學課程（《元史・選舉志一》：「世祖至元二十八年夏六月始置諸路陰陽學。」）地方上也設陰陽學教授員，培育及管轄地方陰陽人。（《元史・選舉志一》：「（元仁宗）延祐初，令陰陽人依儒醫例，於路、府、州設教授員，凡陰陽人皆管轄之，而上屬於太史焉。」）自此，民間的陰陽術士（陰陽人），被納入官方的管轄之下。

至明清兩代，陰陽學制度更為完善。中央欽天監掌管陰陽學，明代地方縣設陰陽學正術，各州設陰陽學典術，各縣設陰陽學訓術。陰陽人從地方陰陽學肆業或被選拔出來後，再送到欽天監考試。（《大明會典》卷二二三：「凡天下府州縣舉到陰陽人堪任正術等官者，俱從吏部送（欽天監），考中，送回選用；不中者發回原籍為民，原保官吏治罪。」）清代大致沿用明制，凡陰陽術數之流，悉歸中央欽天監及地方陰陽官員管理、培訓、認證。至今尚有「紹興府陰陽印」、「東光縣陰陽學記」等明代銅印，及某某縣某某之清代陰陽執照等傳世。

清代欽天監漏刻科對官員要求甚為嚴格。《大清會典》「國子監」規定：「凡算學之教，設肄業生。滿洲十有二人，蒙古、漢軍各六人，於各旗官學內考取。漢十有二人，於舉人、貢監生童內考取。附學生二十四人，由欽天監選送。教以天文演算法諸書，五年學業有成，舉人引見以欽天監博士用，貢監生童以天文生補用。」學生在官學肄業、貢監生肄業或考得舉人後，經過了五年對天文、算法、陰陽學的學習，其中精通陰陽術數者，會送往漏刻科。而在欽天監供職的官員，《大清會典則例》「欽天監」規定：「本監官生三年考核一次，術業精通者，保題升用。不及者，停其升轉，再加學習。如能黽勉供職，即予開復。仍不及者，降職一等，再令學習三年，能習熟者，准予開復，仍不能者，黜退。」除定期考核以定其升用降職外，《大清律例》中對陰陽術士不準確的推斷（妄言禍福）是要治罪的。《大清律例·一七八·術七·妄言禍福》：「凡陰陽術士，不許於大小文武官員之家妄言禍福，違者杖一百。其依經推算星命卜課，不在禁限。」大小文武官員延請的陰陽術士，自然是以欽天監漏刻科官員或地方陰陽官員為主。

官方陰陽學制度也影響鄰國如朝鮮、日本、越南等地，一直到了民國時期，鄰國仍然沿用着我國的多種術數。而我國的漢族術數，在古代甚至影響遍及西夏、突厥、吐蕃、阿拉伯、印度、東南亞諸國。

術數研究

術數在我國古代社會雖然影響深遠，「是傳統中國理念中的一門科學，從傳統的陰陽、五行、九宮、八卦、河圖、洛書等觀念作大自然的研究。……傳統中國的天文學、數學、煉丹術等，要到上世紀中葉始受世界學者肯定。可是，術數還未受到應得的注意。術數在傳統中國科技史、思想史，文化史、社會史，甚至軍事史都有一定的影響。……更進一步了解術數，我們將更能了解中國歷史的全貌。」（何丙郁《術數、天文與醫學中國科技史的新視野》，香港城市大學中國文化中心。）

可是術數至今一直不受正統學界所重視，加上術家藏秘自珍，又揚言天機不可洩漏，「（術數）乃吾國科學與哲學融貫而成一種學說，數千年來傳衍嬗變，或隱或現，全賴一二有心人為之繼續維繫，賴以不絕，其中確有學術上研究之價值，非徒癡人說夢，荒誕不經之謂也。其所以至今不能在科學中成立一種地位者，實有數因。蓋古代士大夫階級目醫卜星相為九流之學，多恥道之；而發明諸大師又故為惝恍迷離之辭，以待後人探索；間有一二賢者有所發明，亦秘莫如深，既恐洩天地之秘，復恐譏為旁門左道，始終不肯公開研究，成立一有系統說明之書籍，貽之後世。故居今日而欲研究此種學術，實一極困難之事。」（民國徐樂吾《子平真詮評註》，方重審序）

現存的術數古籍，除極少數是唐、宋、元的版本外，絕大多數是明、清兩代的版本。其內容也主要是明、清兩代流行的術數，唐宋或以前的術數及其書籍，大部分均已失傳，只能從史料記載、出土文獻、敦煌遺書中稍窺一鱗半爪。

術數版本

坊間術數古籍版本，大多是晚清書坊之翻刻本及民國書賈之重排本，其中豕亥魚魯，或任意增刪，往往文意全非，以至不能卒讀。現今不論是術數愛好者，還是民俗、史學、社會、文化、版本等學術研究者，要想得一常見術數書籍的善本、原版，已經非常困難，更遑論如稿本、鈔本、孤本等珍稀版本。在文獻不足及缺乏善本的情況下，要想對術數的源流、理法、及其影響，作全面深入的研究，幾不可能。

有見及此，本叢刊編校小組經多年努力及多方協助，在海內外搜羅了二十世紀六十年代以前漢文為主的術數類善本、珍本、鈔本、孤本、稿本、批校本等數百種，精選出其中最佳版本，分別輯入兩個系列：

一、心一堂術數古籍珍本叢刊

二、心一堂術數古籍整理叢刊

前者以最新數碼（數位）技術清理、修復珍本原本的版面，更正明顯的錯訛，部分善本更以原色彩色精印，務求更勝原本。并以每百多種珍本、一百二十冊為一輯，分輯出版，以饗讀者。

後者延請、稿約有關專家、學者，以善本、珍本等作底本，參以其他版本，古籍進行審定、校勘、注釋，務求打造一最善版本，方便現代人閱讀、理解、研究等之用。

限於編校小組的水平，版本選擇及考證、文字修正、提要內容等方面，恐有疏漏及舛誤之處，懇請方家不吝指正。

心一堂術數古籍珍本叢刊編校小組
整理

二零零九年七月序
二零一四年九月第三次修訂

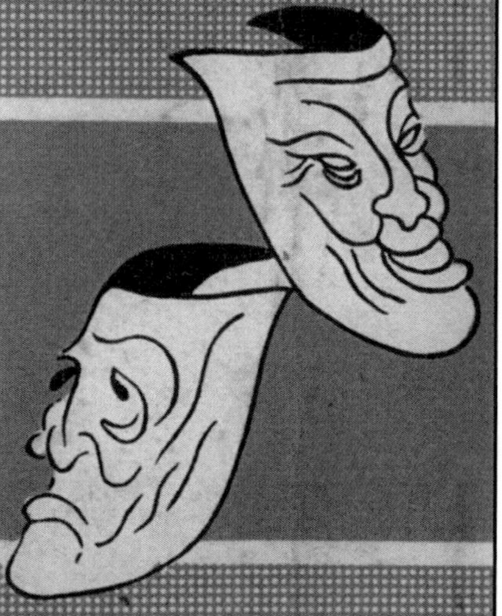

第六集

真人真事　不可思議

命相談奇

齊東野著

一九六四年七月廿日初版

命相談奇　第六集

定價：港幣壹元六角

著作者：齊東野

出版者：宇宙出版社
香港活道十四號六樓

發行者：長興書局
香港皇后大道西三〇五號
吳興記報社
香港利源東街廿六號二樓
遠東文化有限公司
星加坡廈門街十九號

承印者：同興印務公司
香港廈門街二十三號

命相談奇

第六集

齊東野著

香港宇宙出版社印行

目次

康有為梁啓超　論命終難合作

梁啓超是康南海的得意門生，又因是保皇黨的領袖，主張維新變法的。到了民國之後，康有爲把保皇黨改組爲進步黨，仍與梁啓超合作，在政壇上與當時孫中山先生分庭抗禮。在鼎革前，孫中山奔走革命時，曾屢次向人表示，他願意與康氏合作。

當時國民黨的汪精衛、胡漢民諸人都在日本東京辦「民報」，而保皇黨梁啓超一班人也在東京辦「新民叢報」。梁氏原也力主兩黨合作的，但因康有爲不同意作罷。

當時有一個滿清秀才在日本留學的林友鄉，他也是保皇黨中人，因見康梁二人主張不一致，由於他有一個親戚何永年在東京大清領事館裡做事，精於算命，就把康梁兩人的八字托何永年去看，問問康梁二人能否合作到底，能否成功。

何永年除把康有爲的命批爲「徒有虛名高萬丈」，把梁啓超的八字批爲「縱有功名終無財」外，又批他們二人說：「歲在丁巳，分道揚鑣。」從那時候計算，等到丁巳年還有十五六年日子，當然不會被重視，但林友鄉心想，以康梁二人的關係，既是師生，又是同黨同鄉，而且二人都是古道照人的人物，文章道德兼美，不致於分裂的。於是他就問何永年，這分道揚鑣之事到底是康得志還是梁得志呢？何永年說：「那時梁已得志數年了。」

林友　就奇怪，說：「那末，康也該當得志了的？」何永年回答說：「康氏從此徒有虛名而無實位；惟歲到丁巳年，曇花一現，終難成果！」

再問他什麽理由？他就把康梁二氏論命終難合作的道理說出來了。原來康有爲是前清咸豐八年二月初六日子時生，其八字是「戊午、乙卯、壬子、庚子。」而梁啓超的八字則是前清同治十二年正月廿六日巳時生，八字是「癸酉、甲寅、丙午、癸巳。」康氏的日元是「壬子」，而梁氏的日元是「丙午」，兩人日主是天冲地尅，所以不能合作到底。而且康氏八字水旺，宜於南方不宜北方；而梁氏火旺，宜於北方不宜南方，兩人正所謂分南分北的不和八字。

後來事實上也很奇怪，民國成立後康氏並無職位，而梁啓超却於民國二年出任袁世凱政府的司法部長。但此時康梁還是進步黨領袖，並無分道揚鑣跡象。然而，再過四年到了丁巳年，果然奇怪的事發生了。

所謂「歲在丁巳」，就是民國六年（一九一七年）。那年就是民國史上有名的「張勳復辟」，宣統第二次坐朝十二天之年。

民國六年六月，長江巡閱使，掌握長江流域七省軍政大權的江西老表張勳，利用當時總統黎元洪與國務總理段祺瑞的不和，夢想復辟，再把宣統廢帝拉出來恢復帝制。

張勳原是一個庸人多福的人，手上有權，但腹中無文，他想恢復帝制，最理想的搭當莫過於康有為，於是他一面親自由徐州帶了一團的衛隊進入北京；一面派人去上海和當時的進步黨領袖，昔年的保皇黨首領康有為商妥合作。

原則上決定了，康有為就在上海把一切復辟後的皇朝制誥都擬好，由上海化裝一個鄉下佬，到了北京，躲在北京宣武門外西磚胡同的法源寺裏，暗中與張勳聯絡行事。

張勳這個人腦筋太簡單，以為他當時對時局有舉足輕重的權勢，再有名高萬丈的康有為合作，可以說是文武俱全了的，而康有為也以為張勳肯幹，成功有望，其實兩人那年都是所謂「晦氣」年，所以難免胡塗了。

康有為由上海化裝動身前兩天，他有一個親戚柳君，曾把他的八字拿往上海城隍廟請算命先生看看今年有無大運。算命說他的主日「壬子」而流年「丁巳」，丁壬化合晦氣，所作必是胡塗之事。柳君就把這話告訴康氏，康氏原是一個聰明人，經他這一提也覺得此事務須慎重。

所以他到北京後，曾對張勳提出幾個主張：第一、復辟宜行虛君共和制，政權當歸內閣；第二、不宜再恢復大清朝統號；第三、事先佈置要嚴密，徐州現有兵力三萬，宜調一萬入京，其餘分扼津浦鐵路；再調馮麟閣一師入關，扼守京奉鐵路。但是，張勳不聽話，沒有這樣做。

於是，他們就在七月一日那天，宣佈復辟宣統皇帝再坐朝，北京城內竟然掛起滿清的龍旗，而北京人民還不知這到底是什麽一回事。但這事却早幾天被當時的國務總理段祺瑞和梁啓超知道了，七月二日段祺瑞和梁啓超就在天津南部的馬廠地方誓師，討伐張勳。段自任討逆軍司令，任命段芝貴爲東路司令，直隸督軍曹錕爲西路軍司令，由當時駐馬廠的第八師李長泰部任主力，由京漢、京津兩路進迫北京。

七月四日京津鐵路進攻的主力當晚進抵楊村。張勳此時大起恐慌，他帶到北京的衛隊，不足一團，只得勉强派出一營兵力去應戰，七月七日兩軍相遇於廊房鐵路站上，段祺瑞以泰山壓卵之勢，猛烈攻擊，張勳的軍隊頭上都留有髮辮，那裏還能夠和段軍接戰呢。

康有為來到北京，本來先躲在宣門外西磚胡同裏的法源寺，策劃復辟後的大事；到一此時，他雖然也被封為大臣，為了安全，就搬到南河沿張勳公館去避。因為這時張勳也躲在家裏，還有一營衛隊保衛公館的。他聽見段祺瑞前兩天在馬廠誓師時，梁啓超也在內策劃，心中好是生氣，張勳接到段祺瑞等討逆通電時，還對康有為說：「梁啓超為什麼和他們在一起呢，他的保皇黨為什麼不名符其實？今日不是保皇的最好機會嗎？」康有為暗嘆了一聲沒有答話。

他心裏想，張勳連他們的保皇黨改組了進步黨都還不知道，怎能担當這復辟的大事呢？此時康氏却已懊悔也來不及了。

到了七月十日，討逆軍把北京城圍困了，南河沿的張公館附近也發現槍聲了。在此情形之下，康有為就以他的過去被稱為講述孔子托古改制的康聖人大名，向日本駐北京大使館出面，請由各國駐北京的外交團出來調停，請討逆軍承認張勳和康有為兩人為國事犯（即政治犯，可由外國使館加以庇護的。）結果討逆軍同意，叫張勳命令他的軍隊繳械，張勳不肯，但到十二日晚上，他的一營軍隊打得死的死、傷的傷，逼得無法，就由外交團開來一部汽車，把張勳接到東交民巷荷蘭公使館去托庇。而康有爲則逃入日本使館去了。

康有爲自此做了十二日的宣統復辟「曇花一現」的大臣之後，就不再與梁啓超在政治上合作了。梁啓超仍然在北京做他的大官，後來命運走到「傷官見官」，一蹶不振，無法再入仕途，祇能在北京各大學任講了。

當梁在北京教書時，林有鄰也在北京晨報裏任編輯，有一天談起在日本的往事，問起何永年，林說，他已投向國民黨去了。

梁說：「那末你們分道揚鑣了？」林記起往事，就從舊書箱找出何永年所批的他與康有爲的命紙，梁氏默對「縱有功名終無財」七字，不勝感慨。

蔡元培命定　此身合作三新郎

世界聞名的學者，前北京大學校長蔡元培先生，道德文章早爲國人所景仰，民國初年他是全國學生的偶像，聲譽遠在後任北京大學校長胡適之先生之上。他是浙江人，是同盟會的會員。爲人忠厚、誠實、謙卑、謹慎，自少就見重於父母師友。他大約十七歲就中秀才，二十歲中了舉人。少時家裏替他算過命，說他功名雖然不高，而官職却在一品之尊。滿清時代所謂一品，就是京官各部大臣，外官的巡撫、制臺之類，不是滿洲的皇親國戚，必需功名高的人，如狀元、榜眼、探花、進士出身的才可以出任的。

於是他的家人就表示懷疑，說是功名既德不高，就不能官居一品之尊，就問算命先生，如果將來要榮任一品高官，當在何年，是何官職呢？算命先生說：「當在四十五歲以後，五十歲之前。至於是何官職，只能看出他是文官的命不是武官的命，只是京官的命，不是外官的命。」

算命的時候大約是蔡元培十歲，那時舊時代的鄉下人大部份是早婚，家人就問幾時喜神重，可以娶親。算命的說他的命很硬，難免尅妻，就在他的命紙上批了「此身合作三新郎」之語。本來蔡家打算二十歲以前給他娶親的，就問算問先生，二十歲以前那一年替他娶親最好，意思說不會尅妻的。算命先生搖搖頭，說：「此命要等二十三歲才能結婚，切不可在二十三歲以前娶親，否則，二十三歲以前就要尅妻，二十三歲又再要娶親的。」蔡家人本來打算蔡元培中了秀才之後就娶親，因爲中秀才就算有了小功名，在族裏可以開祠堂門宴客，領族裏的書田的，那時娶親，是極體面的事。所以就問算命先生，說他的功名雖然不大，秀才、舉人總是有的，命中幾時可以中秀才和舉人呢？算命先生說他十六歲到二十歲之間，四年內中秀才連舉人，但功名也只此而已。

後來果然十七歲那年蔡元培中了秀才，這時蔡家原想就替他娶親的，對象是同鄉王家的女兒，但因王家知道蔡元培命硬，二十三歲以前要尅妻，而且那個算命已在他十歲說準了十七歲要中秀才，那末二十三歲以前尅妻當也會說準的，所以頭一次議婚未成，結果，眞的東拉西扯，一年又一年，挨到了二十三歲才結婚。

前淸光緒十七年（一八九一年）蔡元培二十三歲，在舊式的父母之命，媒妁之言之下和元配結爲百年之好的。聽說此次結婚，蔡家是把蔡元培的八字改了日子拿去友家合婚的，因爲他命中既是「功名不高」，止於舉人，而又「此身合作三新郎」，稍有家道的人都不肯把女子嫁給他的。也因爲這個原因，蔡元培八字就少人知道，因爲那假八字算不準，被認爲時辰不對了。

有一次他到上海，大約是光緒二十三年，是戊戌政變前一年，在一個宴會上碰到一位歐陽先生，很多人都請他看相，蔡元培此時已加入同盟會，對於滿淸的功名已視如糞土了的，但對於自己的前途却大爲熱衷，尤其是他想：如果同盟會的革命事業能成功的話，他的前途當有大希望，少時所聽到家中的人說過自己將來可以官居一品，也許是有希望的。於是由朋友的介紹也請歐陽先生給他看看相。

奇怪，歐陽先生一看蔡元培的相，不先說他的前途而先說他明年要尅妻。蔡元培就說：「從前算命的說我二十三歲結婚可免尅妻，何以你說我明年要尅妻呢？」

歐陽先生說：「如果從前那位算命先生會說過你二十三歲結婚可免尅妻的話，那個算命先生就看準了你的命的，我想，他大概是說你二十三歲以前就要尅妻，所以勸你不要二十三歲以前娶親，不是說二十三歲娶的親不會尅。」

蔡元培一想，的確那算命先生是這個意思；於是就問：「那末，我既然二十三歲娶親也要剋的話，他何必勸我要等二十三歲結婚呢？隨便那一年不是也可以嗎？」

「結婚乃人生的大事，不是像你說的這樣簡單。」歐陽先生說：「命相本是一樣道理，那算命先生和我一樣，他是已經看準了你是二十三歲那年才可以結婚，而且此後，每逢三的歲，即是三十三歲、四十三歲、五十三歲都有續絃的現象，所以他才勸你二十三歲結婚的，如果你是二十三歲結婚的話，那末今年二十九歲，明年三十歲剋妻，等到三十三歲又要結婚了。」

「據你這樣說來，我此生要剋幾個妻？要娶幾個妻呢？」蔡元培說：「聽說，我十歲的時候，家裏給我算命，說我此身合作三新郎，眞的要結三次婚嗎？」

歐陽先生說：「依相上看，你二十三歲、三十三歲、四十三歲和五十三歲都有續絃的現象，但其中可能避免的，或是四十三歲那年，所以算命先生說你此身合作三新郎是對的。」

他又說：「同時，依我看來，你這位元配夫人不大滿意的，這也是命中註定，希望你不要不滿。」

果然第二年蔡先生三十歲喪偶。由于奔走革命，同時鑒於元配是由父母之命，不甚美滿，就挨到一九零一年即光緒二十七年他三十三歲，才和江西黃爾軒女公子仲玉女士論婚，黃女士家學淵源，自幼好學不倦，多才多藝，但待字閨中，已過標梅之年，而蔡先生呢，認爲自己乃係續絃，就不嫌她年歲稍大，曾提出徵婚的條件如下：第一識字、第二不纏足、第三不娶妾、第四女子在夫死後可以再嫁、第五夫婦意見不合可以離婚。

這條件在當時算是最文明最特別的了。他和王仲玉的成婚就是依這條件，由一個姓葉的朋友作介紹人，在杭州舉行婚禮的。結婚那天，用開演講會代替舊式的鬧新房，在杭州一時成爲佳話。

四十二歲是辛亥革命之年，第二年壬子是民國元年。他離家在外，有一次他記起算命看相都說他凡三之歲都有續絃之象，就托人替自己算一次命，算命的說他如果此年能與妻隔離，當可免尅；而那兩年他奔走革命，不是有意隔離，而是事實上不能不離家，因而四十三歲那年，並無尅妻之事。於是，他後來忙於國事，也把此事放到腦後了。

民國初年，蔡先生被特任爲北京政府教育部長，後來又改特任北京大學校長，從前算命先生說他將來要當文官、京官，而且是一品（特任）官階，完全應驗了。此時他以爲四十三歲那年既可不續絃，那末五十三歲當亦可無事的，那想得到，民國九年他五十二歲，蔡仲玉女士又去世了。

眞是命運支配了人生，蔡先生不先不後，又在第二次斷絃的第二年，即五十三歲那年，又和他的以前愛國女校學生蘇州人周女士，在蘇州名勝的留園結婚。結婚後相偕出國，周女士在德國漢堡研習美術，很有成就。後來蔡先生又回任北京大學校長時，與人談起命運之事，對於自己的「此身合作三新郎」一事，不勝嗟嘆命理的奧妙莫名。

督軍孟恩遠　年老殺妻坐牢

民國初年東三省吉林督軍孟恩遠，是當時局動盪中舉足輕重的人物。他是天津鄉下有個地方叫做天津衛人，家中貧寒，自幼失學，二十幾歲時，曾在天津妓院當雜役，甚爲無賴。那時候是滿清末年，天津接近首都北京，既是商埠又係租界，其熱鬧繁華彷彿上海，所以孟恩遠在妓院做事，雖然職業卑賤，而生活也還過得去。

有一次他曾做過「癩蝦蟆想吃天鵝肉」的夢想，事實是這樣：他做事的妓院叫做長春里，有一個頭牌姑娘芳名「杏花」的，當時方纔二十歲，正是艷名紅得發紫的時候，忽然要想贖身從良出嫁，據她的同院手帕姊妹說，她的條件就是下列五條：第一、男子體力健康，年在二十二歲至二十五歲之內；第二、男子家無父母，有上等職業；第三、男子要娶她爲妻，家中並無妻妾；第四、女子贖身不要男子負責，男子負責婚禮用費，要有體面；第五、女子要永遠居住天津，不隨男子他徙。

這五條從良的條件傳出後，因爲杏花是當時天津的名妓，北京、天津兩地向她應徵的人，當然很多，但大都不能全備這五條件，其中最多不夠條件的，就是年齡和職業問題，在二十歲之內的，大都沒有上等的職業；其次就是妻妾問題，人們大都祇想娶她為妾，不肯娶她為妻，因為當過妓女的大都不能生育，只宜作妾不宜為妻。

但杏花偏堅持這條件，非此不嫁，過了大約四個月光景，還沒有人被選中。於是孟恩遠就暗自忖思，自己雖然職業不夠上等，而婚禮要體面也不夠，但其他條件却比其他應徵的人較强，因為他當時只二十二歲，體力强壯，上無父母，亦無妻妾。因此他就拜托院中一個妓女代向杏花表示，如果她願意嫁給他，他便永遠愛護她，一輩子做她的奴才也甘心。

那個妓女果然受托，就把孟恩遠的意思轉達給杏花。杏花固然不會願意嫁給孟恩遠的；但因他是在院裏做事，朝夕見面，當然要婉辭拒絕。但使他最難堪的，事有湊巧，當那妓女說話時，却被一個二牌的妓女名叫韻玉的聽見，韻玉和杏花平日不睦，就取笑她說：「這倒是全天津也找不到的金龜婿了！」杏花聽了一氣，就對那姊妹說：「這眞是癩蝦蟆想食天鵝肉了，請你告訴他，要他去算算命，看看相！」

第二天，那位妓女當然不願意孟恩遠太難堪的，便笑笑地回他的話說：「杏花小姐要你去算算命，看看相。」孟恩遠原是思想簡單，只是向好方面想，不會向壞方面猜，他以爲吉花原則上已經同意了，祇是要他算算命把命紙拿給她去合婚的，於是他就偷偷地跑去命館裏要算命。

跑到命館裏他對算命先生說：「我要一張命紙拿去和一個富家小姐合婚的，請你給我批一張命紙。」

算命先生要他報出八字來，他只能報出：今年二十二歲，九月初九日生日，而不知出世的時辰。算命先生說沒有時辰不能批命。孟恩遠不懂這道理，以爲算命先生看他要合婚，要向他敲竹槓，在命館吵鬧一場才悻悻而去。

他又跑了兩家命館，有一家才告訴他，不知時辰八字，不能算命只能看相，孟恩遠原不知算命與看相是兩件事，他只知「相命」，以爲算命就是看相，看相也就是算命。此時他才知道原來看相是不用什麼時辰八字的。於是他就歡歡喜喜地跑進了附近一家相命館。

「先生，我要和一個富家小姐合婚，請你給我看看相。」孟恩遠說：「我少的時候就死了父母，所以我不知道出生時辰，祇知道我今年是二十二歲九月初九日生日。聽說看相是不用着時辰八字的，對嗎？」

「是的，我們看相就有這種特別的地方，只要就相論相就可以了。」看相先生一面給孟恩遠看相，一面說：「你問的是要和富家小姐議婚成不成嗎？」

「是，成，一定成。她只是要我拿命紙去和她合合婚就得了。」孟恩遠說：「你可以給我一張命紙嗎？一定要有命紙，沒有命紙不能合婚的。」

看相先生說：「我看你的氣色，今年議婚不特不成，而且在三天之內還有晦氣失意之事發生。不過，就你的相局看，前途却是無限，將來必定掌握兵權，封疆大吏。」

「眞的嗎？」孟恩遠跳起來了，「我既有這好的福相，這婚事那有不成之理，只要批一張命紙給我，就會成功的。」

「你要批相，我可以批給你，但不能作爲合婚用。不過，你可以對女家言明，你不知出世時辰，所以只好看相；同時，如果要合婚，請女家帶這張相格來，我可以就你們兩人的相局合看，可以不可以結爲百年之好的。」

當天晚上，孟恩遠就把這相格交給那妓女託她轉交杏花。那妓女看見他眞的去算命看相，自己也難免覺得啼笑皆非，進退兩難了。那時，杏花出局還沒有回來，她就在客廳中把孟恩遠的批相打開看看。又湊巧此時韻玉從外面囘來，看見那位妓女和孟恩遠在客廳上，就過去看看他們兩人在那看什麽、談什麽。

那個妓女正在無法應付這件事的時候，便對韻玉說：「昨天杏花不是說叫他去算算命看看相嗎？想不到他眞的看相了！」那妓女又問韻玉，「你看這事怎麽辦？」

韻玉聽了，「哈哈」大笑一聲，轉過頭來對孟恩遠說：「你這人眞是傻瓜，杏花昨天是說你癩蝦蟆想吃天鵝肉，笑你要去算算命看看相，有什麽配得上的！」

「噢？」孟恩遠此時才知道原來如此，立即把那張批命紙搶過來就走出去，他到了自己的房中，越想越生氣，越想越沒趣。他知道再過一二個鐘頭杏花就要囘來的；他不願意再看見她。

此時無意中他朝向桌子上的鐘子一看，滿臉憤怒兼羞恥，覺得自己臉孔比往常更難看了，也覺得自己的面貌委實配不上杏花。此時他想起「癩蝦蟆想吃天鵝肉」這句話，這是他少時在鄉下所熟聞的。於是他决定在杏花沒囘來前離開長春里。

當晚他在小客店裏過了一夜。第二天他搬到一個親戚的雜貨店中去住。他想起那天看相先生說他「今年議婚不特不成，而且在三天之內，還有晦氣失意之事發生。」覺得太奇妙了。他自己所料想不到的事，竟然看相先生能看得出來，於是過了幾天他又到那家相館去。

「先生，你那天所說的話已經應驗了，我第二天就發生晦氣之事，我失業了。現在請問你，我幾時可以找到事做呢？將來我眞的可以當武官嗎？我是一個窮光蛋，又沒有讀書，我這官運又從那裏來的？」孟恩遠又說：「你看我幾時可以娶親？將來我的妻是怎樣的？」

看相的說：「再過三個月，你將有機會得到更好的事做，從此踏上好的前程，不必爲一時失業担憂，至於你的妻宮，倒是不甚好的，你本有尅妻相，而妻對於你也不利，因爲那天你說要和人議婚，所以我不便寫在紙上，你一生最不美滿的便是妻宮。」

孟恩遠就問：「我的尅妻情形如何？將來我的妻又對我有何不利呢？」

看相先生看看孟恩遠的臉孔，知道像他這樣年青的人，不容易明白命相上所謂「尅妻」的意義，便舉起右手做出揮刀手勢，說：「尅妻就是殺的意思，所以又稱爲尅殺，凡是掌握兵權的人，他的命相中必有殺氣，所以才有生殺之權，而你的命相就是這樣。至於所謂尅妻，就是你的命中有殺妻的氣，一般的殺人殺豬殺雞是用刀殺，而人的尅妻乃用氣殺也，就是說你將來要尅死你的太太三個人，別人大都夫妻同諧到老，而你要尅殺三個太太，這便是妻宮不好了；同時，你的妻也對你不甚恩愛，可能時常在家裡給你許多麻煩痛苦，使你不安於家。」

「是的嗎？如果將來我的妻對我不恩愛，我這人一定會氣死的，那末我不是用氣尅死她，我也會用刀殺死她的！」孟恩遠此時心中想起前幾天被杏花一氣離開長春里時，也會氣到想殺死杏花之後，自己也自殺和她一道死的。

看相先生聽他這樣說，就趁這機會勸誡他說：「你不說我也不好說，現在你自己既說，我就不能不說。我剛才之所以對你說明尅殺的道理，就是因爲看出你命相上有殺妻的兇相，同時你的三個妻室之中，也難免有對你不甚忠貞的，所以我的意思是說，將來如遇此種情形時，只好讓你的殺氣去對付，千萬不可用刀槍去殺她的。」

大約離開長春里三個月，孟恩遠覺得在親戚的雜貨店裡不甚妥當，但因他皮氣頗暴躁，而面貌也不大和善，一時又找不到適當的事做，心中甚是懊惱。正在此時，清廷北洋大臣袁世凱正在天津附近的「小站」練兵，他便投奔小站當兵去了。孟恩遠在小站當兵，一則是當時逼得無路可走；二則他自己只希望將來能當一個連長，就心滿意足了，絕對連做夢都不會想到後來他會當起吉林省督軍的。

孟恩遠從小站練出來，步步高陞，到了光緒三十年（一九零四年）升爲吉林防軍管帶之職。民國成立後，他把當時吉林督軍陳昭常逐走，自己接任督軍。此時他已經尅過了兩妻，雖然曾經生男養女，兩夫妻感情不和，他在東北吉林就縱情聲色，養尊處優，權位日隆，而名譽却不甚好。

據說：當孟恩遠任吉林防軍管帶時，曾托人打聽杏花的下落。他頗有舊情，今日自己榮華富貴了，還是想念杏花，若是杏花肯改嫁給自己的話，他仍想娶杏花的。但杏花此時已將近四十歲了，她是當孟恩遠離開長春里不及半年，就嫁給天津一個殷商的兒子爲婦，自己雖然沒有生育，却已領了一男一女，而杏花無動於衷，所以孟恩遠的夢想不能實現。其實他此時已經娶了親，原是吉林的一個花國艷姬名叫白牡丹的，本來孟恩遠從小站出來就担任和今日連長差不多官職，儘何以明婚正娶討一個人家婦女爲妻的，但因他的妻宮不好，元配竟然就是一個妓女。

這個白牡丹後來是在家中被孟恩遠的衞兵因洗槍走火打死的。吉林的人都相信乃因白牡丹和一個當時地位在防軍管帶之上的滿族旗人有曖昧之事，被孟恩遠謀殺的。無論是被誤殺也好，謀殺也好，孟恩遠的妻宮不利，而自己又有尅妻的命相，確是毫無疑義的了。

後來他在任督軍之前不久有一次來到北京，在八大胡同的妓中碰到一個妓女名叫筱杏花的，樣子也有些和從前天津長春里的杏花差不多，孟恩遠一看見就中意了，不久就把她娶來作妾。過了兩年，白牡丹後任的續絃又去世，就把筱杏花扶正爲第三任繼室。

有一天，孟恩遠想起年青時在天津看相先生說他要尅殺三妻，如今眞的已經尅了兩妻，那末現在筱杏花是第三妻，不知情形若何，就偕同筱杏花化裝常人去北京東安市場去看相，孟恩遠對看相先生說：「我是在吉林做大豆生意的，請看看我此後生意如何，家運如何？」

「你今年五十歲，過三年是五十三歲，你所經營的生意必大發達，那時將有意外機會，使你非常得意，掌握大權。」看相先生說：「不過，再過七年，是六十歲的時候，另一個意外的事，使你突然遭遇變故，要失丟過去所得的得意，這時你務當特別謹慎，君子安命，不可勉强，否則將有殺身之禍，萬望緊記在心頭。這時候你已是六十歲的人了，想你自三十一歲起開始行運，一帆風順，到此已三十年的得意了，也應當知足退守林下的，如能知足退守，則可善終，否則難免惡死！」

孟恩遠聽了這話，心中覺得奇怪，爲什麼我對他說的是做大豆生意，而他說的却正是官場的話呢？於是他就說：「先生，我問的是大豆生意和家運的事，而你此說的好像是官運，難道你看我的相是做官的？」

看相先生笑笑地說：「是的，你說的是做大豆生意，而我說的是做大官生意。我說的是就相論相，但不知你說的是不是就事論事呢？」

此時孟恩遠和他的夫人筱杏花也不覺大笑起來了。於是看相先生就對他說：「你的一品大官要在五十三歲之後，而六十歲就當知難引退，怡養天年。至於你的家運，比之你的官運不如，六十一歲那年，恐怕尚有一次重大的變故，家人有被刑尅，自己且有牢獄之災，雖無性命之虞，亦屬不幸之事，謹愼，謹愼！」

事情眞是奇妙，第二年民國成立，他以小站出身與袁世凱的關係，在吉林掌握了實際的軍權；再兩年，他把吉林督軍陳昭常趕走，自己繼任爲吉林省督軍，這是民國二三年之事。民國六年張勳復辟前，因他是吉林的督軍，認定如果復辟成功，宣統復位，滿清復活，於他有利；所以暗中曾擁護張勳之所爲。

但是，復辟失敗後二年，奉天省軍閥張作霖欲擴充地盤，統一東三省，於是向段祺瑞破壞孟恩遠，攻擊他當時曾暗助張勳復辟，於是段祺瑞就把孟恩遠的吉林督軍免職，調他入京任職，任他為誠威將軍。當時他曾大怒，擬反抗命令，吉林宣告自立。後來張作霖勾結日本，出面支持張作霖，孟恩遠迫於事勢，只好聽命了。這是民國八年也就是他六十歲之年，他記起前幾年北京看相先生的話，就悄然引退，以誠威將軍的虛銜，帶了年青的愛妻筱杏花到天津去做寓公了。

第二年他六十一歲，緊記命相先生的話，怕有事故發生，更怕有自身牢獄之災，在天津公館深居簡出。由於他三十年在臺上做過大官，一時蟄居天津，心境欠佳，肝火旺盛，老夫少妻之間時常衝突。不久，他發覺筱杏花與人通姦，他這一氣非同小可，便於民國九年十月間的一夕，筱杏花將要出門時，拔出手槍把筱杏花殺死，立刻就被天津租界的捕房捕去，以殺人犯坐牢。幸而各方親友對他還好，不久把他保了出來，大約五六年之後，也在天津去世了。

內務總長　鬥不過算命先生

少的時候在北京，因爲先母舅鄭公精於命相之學，差不多北京第一流的命相先生都和他有往來。本來文人相輕，同業相妬，命相先生大都是文人末路的末業，彼此之間，既相輕又相妬，當然永遠也不會有什麽類似同業公會之類的組織，用以聯絡感情和集思廣益的。好在先母舅當時是在內務部裡做京官，也不會以算命看相爲副業，同時因爲他和京中各報社編輯多有交情，所以第一流的相命先生就願意和他做朋友、打交道，希望他能替他們介紹生意的。

先母舅就利用此種關係，經常和他們商談命相，集思廣益，竟然後來把他們互相介紹，每月的初一和十五的晚上聚餐一次。彼此聯絡事小，而商討奇命怪相，集居廣益，倒是一件大事。大家也都認爲這是一件破天荒的創舉，甚有意義，偶然也在報紙副刊上發表他們研究心得。

有一年大年初一，我到先母舅家中去拜年，剛好碰着有三四位命相先生也來拜年。

那年正好是元旦逢立春，叫做「歲朝春」，諺云：「百年難遇歲朝春」，原屬吉祥之年的。他們一進門，都拱手作揖，說：「恭喜，恭喜！歲朝春，今歲滿朝春！」

先母舅就答說：「但求命館滿門春！」

記得那年是民國十三年（一九二四年），他們賀年的辭令所謂「滿朝春」，乃襲用前清時的賀春俗語；因爲民國初年北京的官場，仍是充滿舊時代的氣氛，而先母舅是部員，所以他們仍用這舊俗套的。客套過後，命相先生中有一位是東安市場有竹居命館的曹先生，拿出一張預備交去報紙發表的原稿，對先母舅說：「鄭公，你看過自己的新年命了嗎？」

「是的，今天已時立春，我要到晚上才有空去算新年命。」先母舅說：「我每年都是立春那天，替幾個親戚朋友算算新年命，而今年是歲朝春，所以今天還沒有開筆。不過，這數年來只是爲別人看，自己是不看，因爲我知道自己的命在這十年中，不會有什麼變動的。」

「沒有什麼變動嗎？」曹先生說：「前天我倒替你看過了，今年六月間你非陞遷不可。」

說罷他把那張稿件打開，隨手就交給了先母舅，說：「請你看一看，我所推斷的有沒有錯，我打算明天拿去報館發表的，有沒有不妥的地方，文字上無妨修改一下。」

那張稿紙所寫的大題目是：「有竹居甲子新年命偶說」，又有兩行小題目是這樣寫道：「內務部某北方司長出缺，六月間由南方科長陞補。」所謂「某北方司長」乃當時司長郭某，是北方人；所謂「南方某科長」即指先母舅。

文中是說今年甲子年，內務部有一個北方人的司長，要在四五月因病出缺，六月間由該部本司某南方人科長陞遷遞補。因爲不宜把姓氏寫出，所以用北方南方來代表。

先母舅看了曹先生所批的八字，才發現自己甲子年新年命確有陞遷的希望。但是，有兩件事不能明白：第一、曹先生未將郭司長的八字寫出，只說：「依北方人某的八字看，今年甲子太歲與其本命天冲地尅，本命又逢絕地，四五月間天數難逃。」第二、縱是郭司長因病出缺，依當時官場習慣，司長的職位爭奪的人一定很多，不容易由本司科長陞遷的。所以先母舅就對曹先生說：「我的八字雖然今年六月確有陞遷氣象，但不知郭司長是否今年有大數難逃，而且，由本司科長陞補，亦非尋常的事。」

曹先生就把他帶來的一本「有竹居命存」打開遞給先母舅，這本命存中乃記錄北京自民國元年以後政府各部高級官員的八字，而郭司長的八字也在內。先母舅就說：「郭司長是我頂頭上司，他是法國留學生，不相信命運之事的。你何以會有他的八字呢？」

曹先生說：「這是五年前（即民國七年），段祺瑞復任國務總理時，錢能訓蟬聯為內務總長，有人把郭君介紹給他，要求任命司長或參事。但因錢能訓自己乃連任的內務總長，內務部中高級部員一時無法更動，就把郭君的履歷轉介紹給新任司法總長朱深。

「當時北京政府正是任用私人的時代，前任司法總長林長民既去職，新任總長朱深在履新之時，人事上自難免有所更動，當然樂意接受錢能訓的介紹。但因朱深本人相信命理，部中科長以上人員，個個呈送一張本京有名命館所批的命紙作為任用的參考。於是郭君雖然自己不相信命理，為着求職，也不能不批一張命紙的。因為這張命紙與求職有關，所以那天他的太太來替他算命時，說明他本人從來沒有算過命，而這命紙預備送給朱總長去看的，希望把他批好一些，所以才把這八字錄起來的。」

照郭司長的八字看來，今年四五月間確臨死亡的關口。但是，死歸死，陞歸陞，何以一定要斷定是由先母舅陞上去呢？原來就先母舅的八字來看，六月間只有「高陞」之象，而無「遷移」之象，所以斷定他只在內務部中陞任的。

後來他們商量結果，認爲文中的「因病出缺」乃明指「死亡」的，在報紙上發表不甚相宜；於是就把「內務部」三字改爲「四月間」，不明指內務部，免得使內務部中幾位司長看了這消息，很容易知道是指郭司長的。因爲郭司長平日反對命相，如果他發現這篇文字是說他，必定有麻煩。

至於郭司長之所以反對命理，其中也有一個有趣的小插曲。曹先生敘述前五年郭司長太太替他算命時，曾問到郭司長命中的妻宮如何。曹先生就命論命直說他的妻宮雖然不錯，但多少風流之事總是難免的。郭太太就問：「幾時才有風流之事？」

曹先生說：「目前就在走桃花運了。」

郭太太說：「現在他已有了女人嗎？」

曹先生看那情形便婉轉地說：「是的，現在他已有了風流之事，不過，才子多風流，逢場作戲，官場總是難免的。」

聽說郭太太就根據曹先生算命的話，回去家裏向郭司長詰問，把郭司長和一個女伶秘密的事揭露了，並迫他和那女伶斷絕關係。

從那次起，郭司長就很痛恨算命先生，逢人就說：「不要算命，好的未見，壞的先見。」

先母舅那天聽了曹先生這一說，才明白郭司長反對算命的理由原來在此。眞是奇怪，到了四月二十五日，郭司長在辦公廳突然中風倒地，延到五月初三日，宣告不治去世。這消息見於報端之後，大家都議論這就是正月初，報紙上「有竹居甲子新年命偶談」中所指的北方司長了，因爲第一科科長先母舅是南方人。

郭司長原係司法部的參事，前三年才調任內務部爲司長的。當時內務總長仍是錢能訓，他也知道有竹居的預言；但他原不想把先母舅陞補的。他曾對人說：「委任司長之權在我，我將使有竹居算命只靈一半。」

然而，事實眞是奇妙，一位司長出缺，錢能訓竟然接到五位總長，一位總統府秘書長介紹的人有八位之多，一時難於應付，想來想去，還是把第一科科長陞補，順水推舟言正理直，免得麻煩。

過了幾天，北京報上發出一個花邊消息，題目是「內務總長，鬥不過算命先生。」

宓家父子　官運財運由天降

友人婁君的舅父宓（伏）先生，是江西省奉新縣人，宣統初年隨親戚携眷到安徽合肥，在縣公署裏任事。到了民國之後，政府機關大大變動，他就離開縣公署，在合肥新街開設私塾，爲附近人家發蒙童子授課。此君多子，當時一共五男二女，七星伴月，家累未免太重了。大孩子名叫宓青雲，十五歲那年他托人介紹到段祺瑞家裏去當書僮，他希望孩子能在段家吃得好、穿得好，每天也還有一點書可讀，有上進希望。

滿清時代有個規矩，當書僮的吃穿都是由東家供給，每日也還有一點時間由坐館老師教他們讀一點經書的，古時還有一種迷信，說是要使一個小孩將來有希望功名發達，必須拜過有功名的人，如秀才、舉人、進士爲業師。

宓先生自己原是讀書人，可惜考了縣試好幾次都不能得中秀才，所以他甚希望這個大兒子能夠有功名，雖然民國之後沒有科舉，但功名之事總是有的，所以他在孩子尚未到段公館當書僮之時，先托人介紹，帶了帖子，封了紅包，自己帶着孩子去拜當地一個舉人谷老師爲業師。湊巧的，而這位谷老師第二年就被段家禮聘爲正坐館的老師了。

就因爲這位谷老師的關係，他才想把孩子托人介紹到段公館去當書僮，希望藉此機會，能得到谷老師的照顧，有機會多讀一點詩書。進入段公館之後，谷老師就對段公館的管家說明，這位姓宓的書僮是他的入門弟子，因爲家貧無力就讀，所以來此當書僮，段家當然也因此對這個小書僮特別看顧，叫他於書房之事做好之後，可以自己讀讀書，在下午課後，也可以向谷老師問問字、聽聽解的。

宓先生雖然沒有功名，對於中國古書却也讀了不少。他也會五行之學，對於子平命理頗有心得，因此當他在合肥縣公署做事之時，就不時替人算命，此時他當起私塾教書先生，當然也更方便替人算命收些潤金了。

民國三年那年是甲寅歲，他曾把自己和孩子宓青雲的八字詳細看過批過。他在八字上發現自己本年運氣很不好，夏秋之間要大病一場，但他又發現兒子青雲明年就交上好運，照命理說，若在科舉時代，這是中秀才的命運。然而明年他的兒子才十七歲，現在是一個書僮，這好運道又從何交來呢？

這問題未免使宓先生太困惑了。目前看得見的事實，兒子正在段家當書僮，明年他才十七歲，科舉也沒有了，就是有考試也不可能去應試，這兒子明年的功名佳運又從那裏走起呢？同時他看見自己的八字，不特夏秋之間不免一場大病，就是今年立冬之後，明年立春之前，這三個月中間，也是十分惡劣的。好在立春之後也和他兒子宓青雲同樣也交入好運，如果明年不是好運的話，今年恐怕難渡過去了。

到了夏天，他以誠惶誠恐的心情，幸而平安地過去了。秋天來了，那年合肥、蚌埠一帶秋疫猖獗，不是吐瀉乃是下痢，死的人雖然不多，而病倒的人却不計其數。宓先生雖然夏天渡得過，而秋天却難免大病了。他自病倒至起床，足足有一百天，幸而沒有病死。

病好之後，由於貧病交加結果，窮困非常，一家兩夫婦加上六個子女，八口之家日夕難渡，三餐不備，眞眞到了山窮水盡的時候了。爲着解決這個問題，只好跑去找幾個江西的同鄉。當時合肥有個江西會所，就是今日的同鄉會，會長莫先生是江西上饒人，是一個很有錢的鹽商。宓先生自己也和他不大相熟，不便去找他，就托一位從前在合肥縣公署當過司法科長的成先生去找他，要向莫會長借些錢。

這位莫會長雖然很有錢，也雖然對同鄉也肯通融，但有錢的人都是一樣，爲着同鄉關係，利息可以不計，但「有借有還」，這是第一條件；「約明歸還日期」這是第二條件，「要有熟人担保」這是第三條件。還有一個特別的條件，因爲莫會長是一個完全靠命運發財的人，絕對相信命運，向他借錢的人，若在大龍洋十元之內的，只要上面的三條件就可以，若要借用二十元以上的，就要第四條件，要把借錢人的八字開給他，他要請一個他最相信的算命先生朋友看過之後，才決定借或不借。

那時宓先生因爲臥病了三個月，既無收入又多醫藥破耗，今後因體衰，又因將近年底不能再開館教書，加上年關也要用錢，所以他希望向莫先生借大清龍洋五十元的。當時每人每月伙食不過塊把錢就夠了，五十元大清龍洋在當時是一筆實不容易借得到的，要借，當然要依莫會長的條件，先把八字送去，再等回音。

好在宓先生自己會算命，今年雖然還有三個月惡運，一交入立春，明年就要轉入好運的。於是他就把自己的八字先開去。莫會長把宓先生的八字交算命朋友看後，叫一個人來找宓先生。他先問宓先生今年秋間曾否臥床一百天？這事實證明不錯之後，認定八字不誤。於是就對宓先生說：「莫會長只肯借你三十元，五十元太多，而且約定過了年關，明年正月十四日歸還，因爲十五日是元宵，不便討債，如果三十元可以，本日就可以辦借據取欵。」

但因宓先生非借五十元不可，他就向來人情商，說是要借五十元，要用何方法可以向莫會長求情？來人說，除了再用另一人名義，也先要送把八字去，就沒有第二種好辦法。急令智生，宓先生突然記起兒子青雲的八字，就對來人說：「有的，我再將小兒的八字送去。」

來人問：「令郎現在何處做事？」

宓先生答：「他今年才十六歲，在段公館當書僮。」

來人搖搖頭，說：「這那裏可以呢？不等於就是你自己嗎？小孩子那好出借據，借這麽大欵呢？」

「老友，請你幫幫忙，」宓先生說：「莫會長不是要看八字嗎？我小兒的八字，過了立春比我的運還要好得多，是財官並臨，莫會長一看，包他相信我父子兩人值得借五十元的，好在借條還沒有寫　請你幫這一忙，先把小兒的八字帶囘去，給莫會長看一看再說。」

莫會長果然也把宓青雲的八字交算命的去看。算命的朋友說：「這兩人是父子的八字不會錯，交入立春之後，父有意外之財；而其子則財官並臨，子的財氣大過其父。」

莫會長問：「你說他倆父子是立春之後才交入財運，而所借之款要在明年元宵前歸還，今年是年內春，十二月二十二日就立春了，由二十二到正月十四日只有二十二日，你能看準他們在這二十二天之內有財氣嗎？」

「是的，」算命朋友說：「十二月二十二日立春，正月初七日雨水，他倆父子的財氣必在這一節的十五天之內，而兒子的官運可能稍後，要等正月二十一日驚蟄之後。」

算命朋友這樣的判定，就把莫會長的意思決定了。第二天，果然宓先生只用他個人的名義，向莫會長借到大洋五十元了。

五十元的大龍洋宓先生已經借到手了。當時在合肥的地方，高級的大薪水，只是十數元，一般的只是七八元而已。這一筆借到五十元，實在是不容易的事。他除了還債之外，每月當家，還要留下預備過年用的。

日子過得眞快，一忽兒到了十二月初。那年是民國三年，歲次甲寅。十二月初七日是大寒。由大寒到二十二日立春還有十五天。因爲宓先生希望立春快到，好讓自己和兒子靑雲，早些交入明年的好運，所以平日覺得日子過的很快，而這十五天都覺得日子好長，來得很慢似的。他雖然不知道交入立春之後，父子倆有何好運交得，但因既然相信命運了，就只好這樣盼望，交入立春才可以等待好運的來臨。

二十一日立春過去了，接着二十二、二十三，又是很快地跑走了。一天等一天，財運一點意思也沒有。過了十二月二十四日，合肥的店舖開始收賬了，宓先生有些着急。爲什麽財氣一點也不覺得有預兆呢？到了二十八那天他沉不下氣了。他想，家裏所剩的十數元錢只夠過年用，正月十四日莫會長的五十元非歸還不可；元宵還要用錢；因而他對自己算命有些懷疑，莫不是看錯了嗎？

但是，自己再把自己和兒子的命紙拿出來一看，却明明是在這十五天內有意外之財的，這財現在那裏呢？他相信自己不會看錯，因爲莫會長借他的錢也是根據這八字的，自己雖然可能會看錯自己的命運，壞當好着，小好當爲大好看；但莫會長那位算命朋友不會看錯的。

然而，他心裏雖然這樣想，而可見到的事實却又使自己不能不懷疑。因爲今天是二十八了，過兩天就是過年了，在過年的正月初十之內，當時的習俗，大家都在休息，不大做生意，這意外之財又從那裏來呢？因而他急得無法，就跑去合肥一家著名的算命先生名叫「無極仙館」的請教去。

這家無極仙館的主人姓牟，原是他的熟人。他就請牟先生把他的八字看看有何微妙之處，自己還沒有發現。無極仙館主人也會卜卦，除把宓先生父子的八字看了一下，再替他起一課，把命和卦合看。大體上和宓先生自己所看的並沒有錯，說是在正月初七雨水之前，必有意外之財，而且數目也不止十元二十元。

宓先生就向極仙館主人牟先生請教說：「在八字上已經可以斷定在這幾天之內必有意外之財，這是無疑的了。但是這財據你看，到底是有待自己求水呢，還是不用求而自然會來呢？如果要去求的話，又要向何處去求呢？」

無極仙館牟先生看看那卦象，就說：「依卦象看，你兩父子在元旦那天就要離開合肥向北行。但這並不是去求財。那財又不是去求得來的。若是去求而得來，那又不是意外了，所謂意外，是無意之中得到的。現在我們無論從命理上看，或從卦象上看，只能看出元旦那天你父子二人要離家向北行。意外之財也要在離家之後才能得到，至如何得到，却不能看看得清楚了。」

到了年初一那天上午，宓先生家裏來了幾個江西奉新縣的小同鄉來拜年。他們說即刻就要搭特快火車到徐州去拜年。宓先生聽了就明白是什麽一回事，因爲前幾天就聽奉新同鄉說過，辮帥張勳駐在徐州，今年榮任長江巡閱使，他是江西奉新縣同鄉，平日非常看得起同鄉，所以合肥的江西人尤其奉新縣人，都願意乘此新年的機會在和他拜年並賀喜的。

宓先生一想，前天無極仙館卦象所說的話，馬上就決定帶他的兒子青雲，他剛剛從段公館放年假回家過年的，跟着同鄉到徐州去。下午到了徐州，大家進入長江巡閱使衙門去拜年，原來那天各地來拜年並賀喜的人不少。

張勳看見奉新同鄉中有十幾歲的童子，就問這是誰家之子？宓先生過去答說：「是小兒，名宓青雲，在段公館當書僮已經兩年了，將來成人，懇求張大帥栽培、栽培！」

張勳聽見宓青雲是在段公館當書僮，便記起他自己少時，是在奉新縣江際頭村許振偉家裏當過書僮的，於是就和宓青雲說了幾句話，又對宓先生說：「明天你再帶他來見我。」

奇妙的事當晚就發生。張勳看見同鄉遠道搭火車來拜年，臨時吩咐軍管處，每人發大洋五十元作壓歲錢並車馬費。宓先生父子合共一百元，另發給宓青雲壓歲錢一百元，第二天，宓先生帶了兒子去見張勳。張勳說：「小孩子不必再去當書僮了，下月到我這裏來，我派他做些小孩子能做的事。」從此，宓家父子交上了財運連官運。張勳第二年起，發給拜年的同鄉壓歲錢是一百元大洋。

湖南巡撫余誠格 因看相得財

清朝湖南最後一任巡撫余誠格，在故都時，和北京相術泰斗老釣金鰲甚爲相熟。他非常相信命運之事，據他自己說，他一生吉凶休咎事，幾乎都是命裏安排好的。因此，他自三十五歲頭一次進京，到釣金鰲那裏看過一次相之後，兩人就交爲好友，之後，他差不多每一個月都請釣金鰲給他看氣色一次，事無大小，都去請教釣金鰲，當時有人說他是釣金鰲的忠臣，不是宣統皇帝的忠臣；因爲曾有一次，淸廷要他到東北關外去做官而金釣鰲說他年老之後只宜去南方不宜北方，他就不去了。

宣統三年，也就是辛亥革命那年，正月初七日立春，余誠格在家裏請春酒那天，當然冠蓋如雲，盡是當朝富貴。由於老釣金鰲是當時命相泰斗，有許多貴人達官都曾和他有過一面之緣，爲着要請他來順便給這班當朝貴人們看看新春氣色，就也把他請來了，釣金鰲是一位職業看相先生，而當時另有一位所謂儒家相宗的秦四爺，也是余誠格和釣金鰲的好友，也被邀在座。

席散後，釣金鰲和秦四爺兩人會以相當驚異的神色相談了一下。當時客人都走了，余誠格看他們兩人在那裏喁喁私語而又帶驚異的神情，以爲他倆看出了那一位王公大臣的壞氣色，就過來問道：「是否看出了那一位的壞氣色？」但他倆只是搖搖頭，不肯說什麽。

余誠格又問：「今年宣統三年，辛亥太歲今天開始，你們兩位剛才看過我們這一班大清朝臣的氣運如何？」

釣金鰲說：「我和秦四爺剛剛就是談到這個問題，依我們的看法，今年的大局恐怕有個大變化。」

「你說的大變化，是否像庚子八年國聯軍攻入北京的時局？」余誠格問。

「是的，」秦四爺接着說：「恐怒比庚子年更糟，因爲庚子年大淸的氣運還未絕，而今年却不然了，今年恐怕有大變！」

「你們未曾看過宣統皇帝的氣色，那裏會知道這一大事呢？」余誠格說：「難道你倆從我們的中間會看出大淸的氣運來？」

「正是如此，」釣金鰲說：「今天我們看了這許多的朝貴，竟然個個今年都是衰敗之年，一生貴富只此而已，都不再有佳運了，這不比看了宣統皇帝的相更好嗎？」

釣金鰲這話却把余誠格聽得呆了，他驚奇地問：「眞的嗎？那末，我自己也是不好了嗎？」

「不是嗎？十二年前我不是說過你今年五十五歲，應當退居林下的嗎？去年我也曾勸你應當向南方謀些差事；因爲你五十五歲之後，宜於南方，不宜北方；宜於退守，不宜在官。」

「那末，現在我就去進行，你看來得及嗎？依我的氣色看，今年有沒有去南方的氣色？是否可以謀得較好的差事呢？」

余誠格依過去釣金鰲和秦四爺所說的，都十足靈驗的事實，他絕對相信他倆今天從這許多王公大臣的相上，看出的大局變化是不免的了，因而他此時在想脫身之計、安身之道。

秦四爺很斯文鎭定的對余誠格說：「大局變化總是秋末冬初之事，你現在就去進行來得及，依你的氣色看，二月裏你就有新的官運，而你的驛馬氣色也是向南行的。」

果然，余誠格聽了他們兩人的話，二月裏眞的奉派爲湖北巡撫。走馬上任前幾天，他又請釣金鰲和秦四爺兩人到家裏吃飯，問問他倆今後關於自己的運命問題，他們倆就對他說，由現在二月起，六個月之內，他的官運都很好。七月間又有陞遷氣象，但九月間，舛逆層見疊出，急宜引退，切不可戀棧富貴，否則將有殺身之禍。

余誠格就問：「這殺身之禍，終可得免嗎？」

秦四爺說：「你記住兩事：一件是破財益命，則那時，你若要性命的安全，就要破財。第二件事，你此後宜向南或東南方向走，若能近水之地方最好，切不可向西北方向行。」

余誠格聽了就說：「這樣看來，我此去將不能再回到北京了！」

「是的。」釣金鰲說：「除了我們到南方去，不再在北京聚首了。」

於是余誠格到湖北武昌上任前，就把他的在北京和天津兩處的不動產包括房屋和田地都賣掉，把所有財產都變成動產，分作兩部份，一部份如古董、珠寶、字畫、現金之類隨帶身邊，運到武昌去了，一部分次一級財物，就由一位姓莊的親信，運去上海租界裏買了一所房子去保藏。

動身那天，他是搭京漢鐵路的火車走的。所有財產都在事前秘密安頓清楚，隨身走的行李則不多。金釣鰲和秦四爺兩人也都到北京前門車站去送行；因爲他們心裏明白後會無期，老淚橫流，而其他送行的人却莫名其妙。

余誠格二月到了武昌，三月廣州革命發生，雖然事敗，七十二烈士殉難，而清廷已震驚。此時余誠格已開始看出釣金鰲和秦四爺二人，從集體看相所說大局不妙的兆頭來了。此時他曾寫信給秦四爺，說南方革命空氣日濃一日，他頗有在武昌不如在黃河以北的地區較爲安全之感。秦四爺和釣金鰲兩人具名覆一封信，信中不提半字有關時局的說話，只說他的命運正在全盛時代，皇恩浩大，應當向南發展，切不可退守北方。余誠格得信自然明白他們二人的意思了。

奇怪得很，在這六個月中，他當湖北巡撫甚爲順利，當然所謂官財並臨，貴而且富了。然而，想不到的事却又使他莫名其妙。七月間，湖南巡撫朱家寶調去安徽當巡撫，因他與朱家寶有私交，朱家寶就奏請清廷派他去接替。本來清朝巡撫的官職，帶有流動性，各地巡撫時常調動，又因兩湖本屬一路之區，所以清廷就派余誠格去當湖南的巡撫了。湖南比湖北更爲富庶，余誠格當然樂意赴任。

在他未去長沙接任之前，他曾邀請釣金鰲和秦四爺到武昌一遊。當然表面上不能說一位巡撫大人邀請看相先生去作客的。於是釣金鰲在北京和漢口報紙上就登出廣告，說是要走走江湖，看看南北人地的相形，研究氣色，藉增經驗等語。不久他們兩人就來到了漢口。這也是釣金鰲跑江湖第三次，在漢口生意非常好，請求看相的人多由江西、湖南和安徽而來的，旅館裏每日都擠滿了人。

那時因爲巡撫余誠格陞調，湖北省的官場當然免不了餞別之事。最後由余誠格回敬請宴的時候，宴請武昌漢口漢陽三鎭的官商紳學四界人等頗多，而釣金鰲和秦四爺也在座。那天大約是七月尾，湖北都督瑞澂和第八鎭統制張彪也來應宴。因爲釣金鰲是當時全國聞名的相術泰斗，余誠格席間便介紹進見都督澂瑞和統制張彪。他們兩位當然也免不了叫釣金鰲說幾句，釣金鰲也只有客氣地說幾句好話。

客去之後，釣金鰲對余誠格說：「不出三十天，都督瑞澂和統制張彪兩人都有性命之危，而丟官那是起碼的事。」因爲瑞澂是滿人，皇親國戚，永遠不會無故丟官的，而湖北兩位文武大官，竟有此現象，這就使他們想起那年三月，廣州黃花崗七十二烈士之事了。

於是余誠格就說：「這樣看來，我就不該去長沙了！」

釣金鰲和秦四爺兩人對余誠格當時的氣色，交換了意見之後，就說：「你此時還是不能不去；但不出五十天，他也要丟官的，所好性命並無危險，只是一場虛驚和破財而已。」

秦四爺又補充說：「千萬要記住，要順長江向東行！」

第三天余誠格從武昌搭粵漢鐵路去長沙赴任去了。這是辛亥年七月底的事。八月十九日，有名的武昌起義爆發，革命黨人所領導的武昌工兵首先發難。本來武昌起義原計劃於八月十五日起事，後因故又展期至二十五日；不料事機不密，有數處革命機關被武昌官方所破獲，許多革命黨人的名冊都被官方所得，形勢迫不及等到二十五日，於是便於於十九日夜間爆發革命了。

當時由武昌工兵左隊隊官吳兆麟指揮，先擊敗當地的旗兵，攻佔楚望臺軍械局，即在楚望臺、鳳凰山、蛇山三處架起大炮向城內督署轟擊，一面派兵分路向督署進攻。都督瑞澂和第八鎮統制張彪，各先後聞警，都各自渡過長江向北逃走了，革命軍就這樣進佔了督署組織軍政府，公推新軍第二十一混成協統黎元洪爲鄂省都督，湯化龍爲民政廳長，繼即渡江攻下漢陽和漢口，辛亥革命就是這樣成功了的。

因爲余誠格是漢人對於革命也另有見解，不像滿族大員們那樣昏瞶嫉恨；同時由於他相信命理之事，認爲這是滿清的氣運當絕，早在今年正月初七那天，就被鈞金鰲和秦四爺兩人從集體相貌上看出來了的。所以他當時雖然沒有響應革命，却對革命之事並沒有什麼罪過。

那時候，前國民政府行政院院長譚延闓，乃是滿清翰林出身的官員，在湖南正訓練湘軍，武昌起義時，譚延闓在北京，未曾參預起義。大約八月底，譚延闓才從北京回抵長沙。當時譚延闓的官職，在巡撫余誠格之下，回到長沙就進謁巡撫大人，報告進京的公務。

自武昌起義之後幾天，各省通電響應革命的，有江西、陝西、山西、雲南、安徽、浙江、廣東、廣西、福建、山東、四川十一省之多，長沙人心浮動，風傳不一。外間頗有謠言，說是湖南不日亦將響應革命，都督一席將由譚延闓充任。於是當譚延闓來見余誠格時，他就熟視譚延闓的臉色。

突然，余誠格拱起雙手對譚延闓稱呼說：「譚大都督，恭喜，恭喜！」

譚延闓聞言，愕然不知如何是好。接着余誠格就解釋道：「武昌既已起事，各省已響應，湖南當不能例外，君爲湘中軍民衆望所歸，大都督一席，舍君其誰？」

譚延闓客氣地搖搖頭，連聲答道：「我不敢，我不配。」

余誠格笑笑地說：「這是氣運所至，我和鈞金鰲是老朋友，他早把此事於今年正月初七那天就告訴我了，而我也從他那裏學了一些看相的道理，我今天看你的氣色，你不久將是湖南的都督的，但願你能好好地做！」

果然，沒有幾天，湖南便於九月一日那天宣告光復，但是，第一任湖南都督不是譚延闓而是焦循。余誠格知道於己不利，倉卒之間帶他的老父逃命。焦循曾懸賞千金欲殺余誠格的頭，余誠格謹記秦四爺和鈞金鰲的話，「要順長江向東行」，於是他就先逃到安慶，然後又由安慶乘輪到上海去了。

到了上海，住在自己前幾個月，由那位姓莊的親信替他購置一座花園洋樓裏，在上海也還有一部分的錢財，總算依鈞金鰲和秦四爺所預言的，在湖南破財了，自己的大命已保住了的。但是，想自己在長沙屋子裏還有許多財物，眞是越想越心痛。

有一天他悶得無事，由姓莊的陪他到上海最熱鬧的地方去看洋場的風光。走到南京西藏那裏，看見路旁很多看相測字的攤頭，有一家招牌是「賽金鰲」的，他就請那看相給他看看相。看相的說他在六十天之內可以發一筆很大的錢財。
他當然不信，自己心中明白此後是永無發財的機會了。
過了幾天，上海報紙上登載湖南都督改由譚延闓升任的消息，於是他就想起看相的話，或者在長沙的財物還未充公的話，若是寫信給譚延闓，可能發還多少也不一定。於是他就寫信給譚延闓，信中有這樣一句：「僕到湘僅月餘而天下鼎革，自問並未開罪於湘人，舍下財物亦非得自湘中，民軍果然公道，想當不致不辨公私！」
不久，他接到由長沙寄來的一份長沙日報，打開一看，上面有一條廣告云：「余壽屛君鑒：財物悉封存府中，毫無損失，請派人來領。都督譚延闓白。」
余誠格見報，即派莊某前往具領，果然所有貴重財物，價值鉅萬，全部都帶回上海了。

楊永泰漢口被刺 命中註定

民國二十一二年曾任國府要職，湖北省政府主席的楊永泰，是政學系主腦人物，在當時政治舞台上，可算是一個在中樞炙手可熱的政要。此君相信命運，無論他過去住北平南京或上海，必打聽當地的出名命相先生，找機會自己化裝上門去求教。此事別人多不知道，而他太太以及幾位親信都知道的。據說他之所以相信命運，是因爲年青時有一件什麼大秘密的事，被一個算命先生指出的。

自他在國民政府裏任要職之後，他和幾個政學系首腦人物的政治地位，大事活動。雖然當時黨和軍兩方面他無法插手，而在政方面却大樹勢力，因而就難免招忌了。有一年他來到上海，聽說他在佈置某一財經上的機構，這機構關係於他們黨派活動的經濟來源的。

當時有一位也是中樞的要員，和他明爭暗鬥甚烈，政學系中人就提醒楊永泰，說是要對這位要員有所對付才是，楊永泰被他一提，記起有一件事未辦，就在自己的日記簿中抽出一張紙條，交給一個隨員姓顧的。這位姓顧的隨員接過紙打開一看，原來是一張八字，他馬上就會意，這是楊永泰叫他拿去算命的。楊永泰時常在任用新人或舊人調任新職，都先要他們的八字開來去算一算命的。據他對人說，從前曾國藩用人時，也採用這辦法，也是我們中國用人的一種古老辦法，先看命相，然後才配合八字。給他適當的事做。

這位姓顧的，上海有幾家算命看相的，他都很熟悉。那天他下午無事，路過法租界霞飛路，順便就把這張八字拿到瞎子張燮堂那裏去算，張燮堂說此人乃當朝的權貴，位在院長部長階級，而且是有實權，不是虛有其表的。姓顧的以為今天張燮堂把這八字看錯了；因為楊永泰也不過部長級特任官，而他所任用的人，都只是在部長級之下的簡任官，那有現任特任級的大員還由他去任用之理呢？

於是他就對張燮堂說：「張先生，你有沒有看錯了的？此人不會是特任官的，至多也只是簡任官而已。」

「我不會看錯的，除非你把他的八字寫錯了。」張燮堂說：「你說他至多也只是簡任官。你到底知道不知道他到底現任什麼官？如果八字沒有錯，那他就必定是一個特任官。」

姓顧的又把那張紙拿出一看，重報了一次八字，一點也不錯，於是他懷疑這八字有錯，空算一個八字倒小事，算錯了就會誤很大的事的。於是他就出去打一個電話囘去，請另一個隨員，去請示楊永泰，問那張紙條上的八字有沒有寫錯，因爲看來好像算得不對。

那位在家裏的隨員就去問楊永泰。楊永泰拿出日記簿，看一看，報出一個八字，在電話中和姓顧的對一對並沒有錯，於是姓顧的在電中就報告說：「算命的說他是當朝的權貴，位在部長級的特任官，對嗎？」家裏隨員向楊永泰轉報。

楊永泰聽了點點頭，說：「對的，一點也沒有錯，不用多問別的事，只要問他最近這一個月內的情形如何就可以了。」

電話掛斷後姓顧的又囘到張燮堂那裏。

「張先生，八字並沒有錯，你所說也一點沒有錯。」

「是的嗎？只要八字沒有錯，我是不會看錯的。」張燮堂說：「他到底是部長還是省政府主席？」

姓顧的說：「大概是部長吧，我也曉得不清楚。」

他接着說：「現在請你詳細查查看，他最近這一個月內的情形如何，別的不要看，因爲他只要問最近的事。」

因爲只問最近的事，就非細心算一算不可；就算命言，說終身大局的最簡單，說流年的次之，說月建的倒比算終身算流年更不簡單了。最近的事除看最近十年大運之外還要看月建，更重要的，還要每日細查才能判定。於是張燮堂就細心地在屈指扣算前後三十天內的五行生尅。

「你要問他最近一個月的事，我現在可以告訴你，」張燮堂說：「他的官運亨通，毫無問題。但他在這十五天之內，要想做的事不能成功。不特不成功，而且要失敗；因爲有一個人和他爭奪，他爭奪那人不過，所以失敗了。」

姓顧的問：「那個和他爭奪的是什麽人？」

張燮堂笑笑地說：「顧先生，你是我的熟人，我不能騙你，如果是生人我就可以不說，那人也是一個當朝的權貴，地位和他差不多，但政治手腕比他高强，其實，在他的八字裏不能看出對方是一個什麽人，只能看出和他爭奪權利的人；因爲我已看準了他是一個部長級的大官，那末對方當亦是大官了。」

第二天，楊永泰在家裏和幾位親信計劃佈置那個財經機構的事時，席間有人提出如何對付在京那位和他暗鬥的政要。楊永泰微笑對他們說：「這事我當然會留意的，除了人事盡在我外之，還有一個命運問題，你們都知道我現在是走運的時候，我所要做的，當不至於失敗吧。」

他接着說：「我昨天已叫老顧把他的八字算過命了，算的說他在這十五天之內所做的事要失敗，命中有人和他爭奪，他爭奪不過那個人，你們想，這十五天之內的事是什麽事，和他爭奪的又是什麽人呢？」大家聽了大笑。

果然楊永泰把那個財經機構，搶到自己手裏了。那個財經機構當然可以安頓不少的人。而奔走於財經機構的人，大都是想發財的，想發財的人也大都是相信算命看相的。當時有一個負有盛名的業餘看相先生陶半梅，正在上海。那個財經機構開幕那天大開筵席，他也被邀在座，那天楊永泰也特意由南京來上海參加盛典。

陶半梅本來喜歡研究貴人的相法，因爲他於相術中發現看富容易，看貴頗難，所以如果有機會使他看到南京政府的要人，他一定想辦法去參加任何的聚會的，他會爲了看貴人的相到過南京和北平若干次。但因前幾年楊永泰並不是第一等大員，所以他沒有見過。此時楊永泰在南京政要中可算是第一等大員之列了，所以他就樂意要參加那天的宴會，除了楊永泰之外，當然還可以看到其他政要。

席散之後，有人問他對楊永泰的相貌有何特殊的判斷。他說：「後年此君將是一封疆大吏。」

有人又問他將來又如何。陶半梅笑笑地說：「後來如何，要等他做完這一任封疆大吏之後就能明白。」

這話在一般人聽來沒有什麼，但在會命相的人聽來，就知道其中自有問題。當時所謂「封疆大吏」，乃指省政府主席說的。但依當時楊永泰的地位言，他是中央的政要，就地位和權力言，已在省政府主席之上，他的當時權力地位，在中央可以使他的親信在當省政府主席，而自己不至於降級去外放當省主席的。

因此陶半梅這話當時不會被認爲說得有理，有的人還譏笑陶半梅不識政治內幕，以爲省主席封疆大吏了不起。

事實眞是奇妙得很，到了民國二十二年，也就是陶半梅所說的「後年」，楊永泰果然中央明令發表他爲湖北省政府主席。楊永泰明令發表之後，京滬政界議論紛紛；有的說中樞對楊氏有所不滿，所以要把他排出中樞，給他一員封疆大吏的肥缺，表面使他暫時滿意，實際上把他的在中央權力貶値爲地方權力。有的說，楊永泰另有野心，將利用湖北一省作爲他政治基地，集中人才後圖發展，換句話就是說他要搞地方分權，造成割據局面。

傳說固然如此，內裏到底是何秘密，不特當時各方都莫名其妙，即時至今日由於楊永泰遇刺的案情未曾明白，也無從明瞭當時到底是何內幕了，當然不至於沒有人知道，但因知道的人絕少，也無人敢說出，所以此事還要等待將來的史家去補述了。

現在我們且說楊永泰命中注定要死於非命的事，民國二十二年楊永泰在漢口遇刺身亡之後，漢口各報都曾登出關於楊永泰那天在漢口碼頭上遇刺的情形，以及遇刺那天的種種異兆，說是命中該死，無法逃避，最重要的一事是說他平日出門必穿上避彈衣，而那天偏偏沒有穿上，這事當然是事實，然而，身爲一個地方長官，封疆大吏，而且是一位中央大員外放，當日也是平時並不是非常時，何以他每次出門要穿上避彈衣呢？這其中自另有問題了。

據當時有兩種傳說：一種傳說他自己明白他之所以被任爲湖北省主席的內情，也明白他有隨時遇害的危險，所以他到了武昌就任湖北省政府主席之後，就十分加意自己的安全，多方戒備，非是上省政府辦公，或必要會議，並不輕易出門，而且每次出門也必在外衣裏面穿上避彈衣。就政治的明爭暗鬥情形言，這當然也說得通的。

但另一傳說，是與命相有關的，說前年陶半梅在宴會上看他的相後，說他「後年將是封疆大吏」，這話不久傳到他耳朶，他自己也不相信會去當省主席。但他是一個相信命理的人，過去他只算過命沒有見過相，算命的只說他到了癸酉即民國二十二年要「掌握大權」，但又說他那天「難免驚險」，當時他聽知陶半梅是一個業餘相術名人，就派一個姓吳的親信從旁去向陶半梅刺探有何論斷。

聽說當時陶半梅對楊永泰命運的斷語不甚好，說他民國二十二年，那年要死於封疆大吏的任內，而且要死於非命。因爲姓吳的旣係楊永泰的親信，當然陶半梅所說的據實報告。這話是否可靠固是難言，而和從前算命所說的「癸酉年難免驚險」却又相符，就不能不信了。由於政治上的情形旣如此，而命相上的情形又如此，所以他到了武昌就任湖北省政府主席之後就特別戒備，每次出門都穿上避彈衣了。但是命中該死，就有怪事發生。

他被刺那天，因爲漢口英國領事初蒞任，前一天來武昌客先拜過主，那天他是去回拜的，早餐後就準備去漢口，叫他太太於箱篋中取出避彈衣，奇怪的他的太太和侍婢們竟然一時尋找不着開箱鑰匙，找來找去找不着，他因爲省政府秘書昨天就向英國領事館約定了答拜的時間，不能再等，也以爲去回拜沒有多久時間，在英國領事館裏當然也是安全的，而且武昌和漢口兩碼頭上，昨天也已命令軍警戒備，於是他就叫太太不必找鑰匙，拿大衣出來就算了。

那時候正是穿大衣的時候，本來要穿一件薄大衣，因爲沒有穿避彈衣，他的太太就拿一件厚大衣，眞是奇怪，當楊永泰披上大衣時，左右兩邊衣袋裏，竟然跳出兩隻老鼠來，把他們倆嚇了一大跳。

穿好大衣，楊永泰就出門坐上保衞森嚴的車走了。他太太在家中覺得今天很奇怪，心裏悶悶不樂。侍婢們當然還在找鑰匙。大約楊永泰的汽車才開走不到三分鐘，木箱的鑰匙却在枕頭下面找着了。太太就叫家裏的衞兵坐上汽車趕去。衞兵拿了避彈衣趕到武昌渡江碼頭時，楊永泰的專用渡船已開入江中心了。衞兵無法，只好等乘公共的渡船過江。

一會楊永泰的專用渡船到達漢口的江漢關碼頭，那碼頭是有石階數十級的，楊永泰離船後就拾級而上，還沒有走一半，突有刺客向他開槍，楊永泰立即應聲倒地。正是胸膛中了一彈，不及救治，就已氣絕了。如果那天穿上了避彈衣的，這胸膛一槍，却可以避過了。

兇手行刺得手後向漢口街道奔逃，但因係在白天，在衆目睽睽之下，終於逃至前花樓時，被路上一個屠夫把他捕獲，不久這兇手也就被處死了。

吳稚暉耳高於眉　乃享大名

記得大約民國十八年的秋間，名相家陶半梅初從北京到上海。他原是南方人，只是出生於北平，所以初到華中，已覺得境物全非，大有興趣。他是一個大學生，因爲對相術有天賦的特種解力，所以大學畢業後，雖然不以看相爲職業，而造詣之深，實遠在一般職業相人之上。

根據中國相經上指示，他把中國人的形相分爲五種類型。相經上的五型是木火土金水五行型，而他所分的是地域方向型，什麽五型呢？那就是華北型、華中型、華南型、華東型和華西型，以地區分形也是相書所有的，但相書上只分南方型與北方型兩種，即俗所謂「北人南相」、「南人北相」兩種，依相學言，凡是北人南相或南人北相的都是富貴相，非富則貴，非貴則富，或是富而且貴，雖其中又有大小富貴之別，總是不至於太平常。

他在北方多年，已從自己的經驗，證實此種相理十分準確，毫無錯誤，因而他便進一步研究中國人的形相不只南北兩型，實有東南西北和中央一共有五種型分。爲了研究這五種型，他根據人文地理去研究人相。在北方，他跑了很多的地方，專門從地勢地形和山水的淸濁秀險等不同去推究人相的格局。因此他一到上海，只謀一個掛名的閑缺，就先從事於地理的研究了。

這是一件最好不過的一舉三得的事。一得可以研究當地人文地理；二得是可以就地研究各種相形；三得是可以藉此機會遊山玩水。所以他通常都在京滬和滬路杭路上來來去去。我們幾個對於命相有興趣的朋友，也樂意參加這行列去到處旅行了。我當時也是基本團員之一。也從那時起，我對於命理地理也得到一些寶貴的資料。命理上原也有地域五行的格局的，可惜後人缺乏深刻的研究罷了。

有一次我們到無錫去旅行。中午的時候在一家小菜館裏吃飯。還沒有吃完飯。我們的座上來了三個客人，一個五十多歲的老頭，一個四十多歲的男子和一個十多歲女孩子，他們都是說無錫土話的本地人，我們當然不會去注意他，那時我們只是找機會向陶半梅叩教一些寶貴的經驗談。此時陶半梅突然對我說：「我已發現新大陸了！」

那時候我們年紀都是靑靑的，平時有句暗語，叫做「發現新大陸」。這新大陸乃指漂亮的女子說的，發現新大陸就是說發現了美人的，於是我們一聽陶乍梅說「我已經發現新大陸」，便昂首環覩菜館四座，注意扶梯的樓口。

但是，滿座並沒有堪稱為新大陸的，只有兩個無錫本地的老婆婆，和一個對座的大約十五歲的女孩子。我們大家都注視陶乍梅的視線，他竟然注視這個女孩子的對座，看看女孩子，也看看那老頭子和四十多歲中年男子。

「難道這裏是苧羅村，你發現了童年的西施？」我們取笑陶乍梅竟然看上了那個小姑娘。

陶乍梅知道我們誤會了，就微笑對我們說：「不是那個小的陸地，而是那個古老的陸地。」

於是我們又向那兩個無錫本地的老太婆去注視。那兩老太婆也頗有福相，雖然她倆穿着很樸實，因為無錫是江南的工業重鎮，華中不少富翁是無錫人，住在無錫的可能就是什麼麵粉大王之類，所以我們就注意那兩位老太的富相上，希望能於她的「大富」相或「子富」相有所發現，因為來到這工商業地方，所要看的就是富相。

但是陶乍梅却又微笑地說：「如果在這地方發現富相，那不算是新大陸，你們要向新大陸的義意去想。」他這意思明顯的是要我們向「貴」方面去注意了。

就一般相術言，看富以「鼻頭」爲主，看貴以「鼻樑」爲主。同時，他既然說是要看貴，那當然不在那兩位老太婆身上了，於是我們又轉移視線於那個老頭子和與他在一起的那個中年人去，但是，就他們兩人臉相上，却不能看出有什麼了不起的貴相得配稱爲新大陸的，於是只好向陶半梅請教了。

「到底是什麽新大陸呢，我們眞是有眼不識泰山了！」有個姓張的朋友說：「還是請你指教指教吧！」

我之所謂新大陸，就發現在那老頭子的面上，請你們再注意一下。」

此時，目標已經被他指定了，我們自然容易聚精滙神去看了。但是，在那位老頭子臉上却只能看出屬貴和屬壽的相，而且壽高於貴，並看不出有何顯貴，而且就他的相貌以及裝束看，又是滿口無錫口音，很容易把他看做一個鄉下人的。

我們看了半天，有的說他的相是屬「厚」型，有厚福；有的說他屬「壽」相，必長壽；有的說他「眉淸見底」，是貴格；有的說他「眼光有神」，是個聰明人。只因爲他的樣子十足像鄉下佬，儀表上並沒有可以引起我們注意的地方，所以我們只能作此一般的觀察，不會作出特殊的判斷。

此時陶半梅看見我們各說各的沒有發現此君的特點，就笑笑地用肯定而有力的語氣說：「你們都沒有看出此老最突出的地方，他是一個薄富貴而名高萬丈的人物。」

我們幾個人被他這一提，才發現此老果然「耳高於眉」不止三分。這原是相書上說明的「耳高於眉，必是知名之士。」但我們却另有一個懷疑；因爲如果照他的耳高於眉不止三分的相看，當如陶半梅所言，必是「名高萬丈」的人，但事實上他只是一個無錫人，當然看那樣子也可能就是什麽麵粉大王；然而，若是麵粉大王，則應是富過於貴，而今却又是名高於富貴，這又不對了。

陶半梅也對這一問題不解。於是我們中間有個姓霍的朋友，就跑到樓下賬房裏去請教。一會笑嘻嘻地跑上來，翹起右手的大拇指，對我們輕聲說：「你們想得到此老是什麽人嗎？就是鼎鼎大名的吳稚暉先生！」

這一下把我們從五里霧中帶出來，「耳高於眉，名揚四海」，果然在吳稚老身上應驗了。吳稚老雖然一向也是位居高官的貴人，但他的鼻相是厚相，而眉相雖屬聰明也非絕等聰明，惟有他的耳高於眉最突出，把他的所有富貴相都壓倒了。此時我們因得此經驗，眞是如獲至寶的歡喜。

吳稚老我們早就聞名的，但因他一向只是中央委員等閒缺，並無實權，也非顯宦，所以在報紙上未曾看見過他的照片，因此那天差點兒失去這好機會，眞是有眼不識泰山了。因爲那時他正在無錫休假，時常在路上跑跑、吃小館子，無錫人只把他看爲學者、名士，不看做要人。

後來我們有意在那裏等他吃完飯，整隊過去晉見，向他請安。當我們向他稱呼「吳稚老」時，他還笑而滑稽地問：「你們剛才在那裏議論我什麽？」原來此老早就發現我們在注意他了。近日報載他被聯合國列爲世界百年文化學術偉人，因而想起往事，更信相理之不誣了。

袁世凱破財　薩博士得財

財爲養命之物，萬事非財不舉，只要你是人，就不能沒有財；所以一向算命以看運爲第一，因爲多數人需要發財，而發財又是完全要靠命運的。但是，正由於財運是命中居主要的地位，所以最難看，因爲不特我們活着事實上「財爲養命之物」，即命理上也同以財爲養命之物，如果命中無財，就不免在福壽妻財子祿方面必有所偏枯了。

因此財在命中變化甚多，不特財氣看財，妻宮也是看財；不特官祿有時看財，即壽元也不能與財無關；所以學算命的，基本學會之後，最重要的就是要對看財下苦工夫，才能一通百通，也才夠問世。否則，世人需要財，而你於財之道不通，便無以應付了。不過，財雖然難看，肯下苦工揣摩，也不難得到路徑，如果已摑得路徑，則對此人有大財有小財，或大財幾分，小財幾許，何時得財，何時破財，甚至因病痛而破財或因女色而破財等等，就明如指掌了。

民國元年壬子歲，南北和議後，孫中山先生辭去臨時大總統，繼由袁世凱出任第一任大總統，這是中國有史以來的第一個民選元首，而且，本來是孫中山由各省代表在南京選出爲臨時大總統的，當時全國也都以爲應由孫中山任大總統的，而結果竟然孫中山辭職而把元首至尊讓給袁世凱，就不能不使人想到關係於命運了。

那時不特北京，就是全國各地的算命館以及能看八字的人，沒有一個不將袁世凱的八字作爲寶貴材料，各家命館都把他的八字用朱筆寫在白紙上，再用玻璃框懸於門口，作爲廣告的。當然，由民國元年起，全國報紙上的副刊，也常常有對袁世凱八字各種不同推說的文字發表。

據說當時最有名的有一個署名「無懷閣主」的，好像在北京晨報副刊，寫了一篇推論袁世凱「明年破財」的文字，引起很多同道人的辯論。這位「無懷閣主」，說袁世凱依他的八字看，明年（民國二年）癸丑歲，難免因病災破財。但有的會算命的人，持完全相反的看法，說明年袁世凱氏不特不破財，反而名利雙收，百尺竿頭，更進一步，因爲據他們共同的論斷，袁氏明年仍在位，則所有病災當能因極品之貴而幸免，而且縱然有病災，所有用費應由國庫開支，於他私人之財無傷。

這兩點理由當然是很夠充份，一個是命理上迷信的理由，元首遭遇災難是極少有的事；二個是事實上的理由，元首在任內病災用費都是由國家負責，則對他個人之財絕無損傷，何有破財之事呢？就因爲有此兩點理由，所以北平天津各報，也都樂於把他們的意見發表出來了。

當時多數的人，雖然對此二說都有見仁見智的不同，但對於後一說，總覺得沒有什麽新奇特別之處，因爲袁氏既身居大總統之尊，而且大權在握，只要他明年仍然在位，「名利雙收」，乃意中之事，並無足奇，用不着算命也可以斷言的，至於無懷閣主所持的前說，斷他「明年難免因病災破財」，倒是有些特別的看法，也有新奇的意義了。

由是就有不少人在報紙上要求無懷閣主就命理上再具體的說些理由來，作爲命理預言的根據。果然不久，晨報副刊又登了一篇關于推論袁世凱明年破財的命理，那篇文字雖然現在找不到了，其內容大意和頭一次大同小異，是說：「袁氏明年因太歲『癸丑』與八字中的時柱干支『丁未』天冲地尅，所以原當本人有病災，而且因財庫的『丑』被冲，所以難免要破財。」文中又說：「不過，袁氏明年仍在位無疑，則本身病災或可幸免，而破財却是難免之事，因此明年或有其他事故發生，也不敢說。」

後來因爲在各報上又引起對方的辯駁，無懷閣主第三次又寫一篇簡短的文字，大意是說，此事要待明年事實證明誰是誰非，此時徒作理論爭辯殊無意義，等到明年事實現了，再來解釋八字上的五行微妙道理，方有價值。於是雙方旗鼓就暫時停止了，大家等待明年的事實證明。

報紙上連登大約三個月的時間，此事當然不特傳到袁氏的耳朵，他自己也把雙方的辯論文字收集起來，袁世凱原是相信命運的人，到了第二年即民國二年癸丑歲，一切飲食起居特別叫一個隨身的人注意，並隨時提醒他。

果然，由民國元年陰曆十二月二十九日立春即癸丑年開始，袁氏就加意飲食起居，同時，他也特別加意對付南方的政治，北方的異己各派，他原是一個梟雄人物，為了自己的安全，破財事小，危險性命事大，不能不翼翼小心過日。

一月兩月很容易地過去了。袁世凱自己相信今年不會有什麽意外病災的。他的許多親信、政府要員，雖然都對無懷閣主所說的有興趣，却也都相信袁大總統今年因病災破財想來不致於成爲事實的。

現在暫且把袁世凱的事放下，談談薩博士的事，蘇州有一所東吳大學的醫院，裏面有一個外科醫生係美國人，名叫薩潑斯，人家都稱他爲薩博士。此君會說一口蘇州話，和蘇州人士很相熟。有一天醫院裏來了一個手脚跌傷的病人。那病人姓吳，四十多歲的人。薩博士問他是怎樣跌傷的？他說是走在路上被一輛馬車當面衝倒跌傷的。

薩博士爲人甚是和藹可親，和病人時常說說笑話。他就笑說：「蘇州的馬路並不狹窄，行人也不多，那樣大的馬車你爲何看不見呢？」

病人答：「我那時正在注視一個路人，所以沒有看見。」

「眞是好笑，」薩博士說：「一個大人因爲貪看馬路，跌傷出血，眞是好笑！」

「醫生，你不要笑我，我今天就是不跌，這兩三天之內也要出血的！」

「我聽不明白你的話。」薩博士頂他一句說：「我做醫生的自己都不知道自己這兩天之內要出血，你怎知道呢？你是不是因爲牙齒有毛病，想去拔牙齒？」

病人笑笑地說：「我是看相先生的，我看出了自己在這兩三天之內，身體要受傷出血的。」

「看相？我知道你們中國人有看相算命的事，但我聽說這事是騙人的，你爲什麼也騙自己？」

「醫生，我沒有騙人也沒有騙自己，是自己看出來的，今天事實已經證明了，我並沒有騙自己。」

「眞的嗎？我不相信。」薩博士說：「你有沒有更好的方法叫我相信，也像你相信我一樣，因爲我能夠醫好你的傷口。」病人說：「醫生，請你相信算命看相並不是騙人的，這是我們中國的哲學，只是各人工夫深淺罷了。」

此時薩博士和病人正在敷藥貼膠布，看相的病人就趁此機會注視薩博士，要看看他的氣色，突然笑對薩博士說：「薩博士醫生，讓我說一件事給你聽聽好嗎？」

「好的，只要你不說我這兩天身體要出血。」薩博士說：「如果你要看相的話，我也可以給你看，但不要說我要出血！」

看相的病人歡喜地對薩博士說：「醫生，眞的我已經看出你的好氣色了，你在這三個月之內要發財！」

「發財？」薩博士一面笑，一面聳聳肩，說：「做醫生原可以發財的，但要到上海去掛牌，而我現在和這裏醫院訂了合約三年，還有三個月期已經滿了，但又決定再延長續約，所以你今天看錯了，不是發財，只見續約。」

「薩博士，我看的不是續約，而是發財，並且是一筆數目很鉅大的財，不是一兩千元，而將是好幾萬元的大財。」比看相的病人說：「一定是財氣，不是別的事，近在兩三月內之事，我是不會胡說八道的，我在觀前街掛牌看相，如果在這三個月內你不得財的話，請來找我。」

「吳先生，我當然希望你看的相不會錯，我得了這樣的橫財，我就可以到木瀆蓋一所洋房，買一部汽車，醫院一下公就可以住在太湖邊，看看風景。」薩醫生又說：「到那時候，我一定每星期都請你到我家裏去吃西餐，你喜歡吃西餐嗎？」

「喜歡。」病人吳先生說：「我包你這計劃一定會實現，我的西餐一定有吃的，不過，我還是希望你能替我介紹一些外國人的生意，也讓我發一些小財。」

薩醫生笑笑地說：「我一定替你介紹生意，我如果有數萬的橫財可發，我一定送給你一面金字的扁額，好嗎？」

他又以不相信的口吻說：「不過，我今天還是不相信，因爲如果我是住在倫敦，我還有中馬票希望，現在上海雖然也有跑馬，但中彩的也不過三千塊錢，我也沒有工夫到上海去，所以，我恐怕我不會送扁額給你的。」

姓吳的這位看相病人聽見薩醫生如此說，就伸手從衣袋裏掏出一張名片給薩醫生，他說：「薩博士，你所說的話，都是有道理的；但我所說的，也都是很有根據，我看你的財氣不是橫財，不是像從賭馬票得來的財，你的財氣是正財，是從你自己的本領得來的財。」

他將名片交給薩醫生時說：「我留下一張名片給你，我又看出，你在這三十天之內要離蘇州出門去，因爲我看出你驛馬在動了。請你在出門之前，來看我一下，讓我看看你的氣色。」

薩醫生聽了更奇怪，就說：「要出門，我在這醫院當醫生，不會隨便出門去的！」「我也知道你是這醫院的外科主任醫生，不隨便出門去的，但你的驛馬那告訴我，你在這三十天之內要向北方走。」

看相的病人又說：「我看這驛馬動和你的得財有關。」

薩醫生第二次聽見吳先生說到「驛馬」兩字，他聽不懂這口語，就問：「你是聽醫院裏的阿媽說我要出門嗎？那一個阿媽說的？」

吳先生和在座的看護小姐以及鄰床的病人都笑起來了。薩醫生把驛馬聽爲阿媽了。「不是阿媽，而是驛馬，」看相的病人就指着自己眉梢上面的額角說：「這地方我們看相的叫做驛馬，從這裏，我們可以看出你在這三十天之內，便要離開蘇州到北方去的。」

「噢，原來如此！」薩醫生明白驛馬的意思了，說：「若說我出門，當然也可能。這數年來，有時上海醫院也來請我去，無錫醫院也來請我去過，那都是病人托醫院請我去動手術的，也都是當天來囘的。如果我的驛馬是這樣說，那也許有這等事。不過，就是去動手術，也不會發財，每一次普通的手術，也不過幾百塊大洋而已！」

看相的病人又解釋說：「不是的，當天囘來或是兩三天囘來的，不會在驛馬上有氣色的，你這次的驛馬，也不是像往上海和無錫這樣，當天可以來囘的隣近地方，是向北方去，而且時間大約要在差不多二三十天之久。

薩醫生聽了這話只好半信半疑地說：「是的嗎？好在你說的只在這三十天之內，不遠的日子，到了那時再說，如果是在很遠的地方，不能兩三天就囘來，我就去看你，如果只在京滬線的鐵路上，當天或一兩天可以囘來的，我就不去看你了。」

他又補充說明一句：「不過，無論如何，一次動手術，依我的醫例，手續費至多也不過千把元，也不會一下子就發財的，所以我還是不相信。」

「請你不要先不相信，」姓吳的病人說：「薩博士，我此次總算交你做個朋友了，我相信不致於看錯的。」

他們倆的談相，病人和醫生看相，更奇妙的是中國病人和美國醫生看相，這事在幾天之內，就由醫院裡傳出去了。奇怪的，大約過了兩星期，姓吳的看相先生已傷好在家裏，仍做他的看相生意。有一天傍晚，薩醫生突然坐一輛馬車在相館前停住。

一部蘇州有名醫院備爲外國醫生專用的馬車，在蘇州有名的觀前街一家相館門口停下來，就委實是一件不尋常的事。因而，片刻之間，路人就在這家相館門口圍聚起來。看相的吳先生即見薩博士來到，立刻敏感到自己在醫院時所看的相應驗了。他跑出門口把薩博士接了進去。薩博士原想和吳先生談談一些問題，想不到因他在蘇州目標太大，一下子就被街上行人注意了，以致門口都塞滿了人。隨看來這情形不太好了，不特害了吳先生做不得生意，連他自己要請教的問題也不能談。於是他建議請吳先生同坐他的馬車到他家裏去談談。這辦法當然最妥。一會他倆就同上馬車到薩博士家中去了。頃刻之間，蘇州觀前街又傳遍一段新聞，說是看相先生把薩博士的相看準了，這位美國醫生特意親自坐馬車來把他接到家裏去飲酒謝勞了。

「在醫院你給我看的相，說我要到北方去，今天果然有人來和我商量這件事了。」薩博士招待吳先生在客聽坐談時，頭一句話就道破本題，這是外國人的風度，他用不着兜圈子，說什麼今天天氣很好等客套的話。

「是的嗎？是有人請你去開刀動手術的嗎？」吳先生就向薩博士的面上看了幾下，又說：「走得成，財也發得成！」

接着薩博士就說：「你看得出我要到什麼地方的嗎？那地方是鄉下地方，我從來沒有去過的。是有一個人因騎馬跌傷，半身不遂，請我去醫治的。」

看相的吳先生說：「我只能看出你要到北方去，但看不出什麼地方，大概總是向北京的方向走的。」

薩博士說：「我現在眞是有些奇怪，你們中國的看相，何以會把這些的事從面貌上可以看出來呢？」

接着他就把要到北方去的事告訴了看相先生，同時要向他請教一些事。

原來那時北京來了一個人，說是大總統的長子袁克定，因在河南的彰德縣騎馬，一時不愼墜下馬來，大約是跌傷了腦部，所以手足不能動彈，延請河南以及北京的中西醫診治，都不能見效，也不知病源究竟在那裏。

後來有人向袁世凱建議，說是蘇州有一位薩潑斯博士，是個外科主任醫生，手術十分高明，只有托人去請他來看看，或者有辦法把這病醫好的。

袁克定是袁世凱的長子，滿清末年，曾留學德國，學業很不錯，爲人也相當能幹，袁世凱滿心認爲這個長子必能克紹箕裘，子承父業接自己的手的。袁世凱民國元年當選爲大總統，民國二年正是全盛的時候，看見長子墜馬跌傷，精神上受無比的打擊；因爲袁世凱一當選爲大總統，心中就存有稱帝的鬼胎，這個心意中的太子竟然半身不遂，難怪他急得無心無緒，多方托人延醫診治的。

當時袁克定在彰德墜馬之後，就運回河南項城自己家裏，袁世凱在項城故鄉，築有「袁氏養壽園」，不特風景好，建築豪華，設備齊全，作爲袁克定養病之所，是最好不過的。只因當時北京，還沒有能夠開腦的外科醫生，因爲這毛病大概腦部受傷，需要開刀，而袁氏家人又怕也許臨時變症的時候，不願意他死在外面的。

因此北京來人與薩博士商量的事情不太簡單，不是單單診病而已，最困難的問題有三個：第一個、要請薩博士携來腦部開刀所需要的機械設備以及助手醫生；第二個、要薩博士一行由蘇州到河南項城去；第三個、在到項城之前，要薩博士本人先到北京見過袁世凱商量之後，才能往項城動手術。當然袁世凱有的是錢，只要薩博士肯能依此辦法，除旅費一切由袁氏負責供應頭等費用外，要酬勞手術費若干，都照薩博士的條件。

薩博士今天要與看相先生談談的，就是關於這手術費問題。因爲看相先生曾對他說過他要在三個月內發一筆大財，又說他這財與他的驛馬動有關係，那末現在擺在眼前的事實，這發財之事就在到河南去替袁克定動手術之事了。薩博士當然不會去問看相先生要開多少手術費，而是要打聽自己的發財是否可靠像看相先生從前所說的當在數萬元之數；因爲依當時的情形，中國的物價低廉，普通每人每月的伙食不到二塊錢，手術費無論如何不能開出二萬元的。

這位姓吳的看相先生，倒是一個命相兼長的術士，他早就從上海的「申報」副刊上轉載北京天津兩地的報紙，關于袁世凱「歲行癸丑，命當破財」的事，同時他也知道袁氏是一個手面濶綽的人；而大總統的破財也當和一般人的破財不同，必定破大財的。因爲有了這樣的命相合參看法，再加上人事上的推斷，所以看相先生即向薩博士出主意，說是不要開定多少手術費，只說手術費也依出診的地方和需要留診日子有關係，此時不便擬定，而大總統的長子性命乃無價的，只要能醫得好，酬勞多少聽憑袁大總統的賞賜。

這原則也被薩博士認為有理，事實也是這樣，路上行程以及留在該城要多少日子此時都無法估計的。不過，為了需要開一個數目的範圍，同時，也許薩博士到了項城診斷之後認為無法醫治，或是開刀之後亦不見效，也需要有一定的手術費的，所以薩博士就勉强開出了大洋二萬元的手術費，說是這只到項城看一次留住三天的數目，如果動手術之後，情形良好，多留幾天或直待見效，就請大總統多賞賜了。這辦法也經來人用電報向北京袁世凱商定了。

為着助手以及機械行李等等的方面，薩博士就決定由袁家預備一艘專船，由上海開去青島，再由青島一部分助手看護，以及機械行李等改乘火車直到河南，而薩博士個人則坐火車先到北京見過袁世凱之後再去項城。

這次醫生出診上的創舉，可說是中國的空前，也可能是絕後，把醫生、助手、手術機械，從南方的蘇州，經上海用專輪運往青島，再改火車送到河南病人的家裏去醫病，除非袁世凱有此氣度，有此財力，而更重要的有此權位，誰也做不到的。這也許是由於袁世凱命中那年該破財的緣故吧！

薩博士到了項城給袁克定診斷一下，認定後腦受傷，開刀之後可能會把半身不遂醫好，但也可能一手或一脚會偏跛。袁克定依薩博士的建議打電報去請示袁世凱，袁世凱贊成，於是在袁克定的後腦開刀，刮去了許多瘀血之後，不到兩星期，果然手足能恢復動彈了，不過左脚從此跛了。袁氏父子認爲非常滿意。

等到袁克定能夠下床走動之後，薩博士才離開項城又囘到北京。袁世凱把他招待於六國飯店居住，除設宴招待表示謝勞之外，臨行時還送給薩博士一隻白信封給他，說是裏面乃一張支票，作爲酬勞之意。這張支票原來是十萬元大洋的支票，第二天，北京天津各報又登載了關于去年無懷閣主所批袁世凱破財文字的推許短評了。

滿清親王後裔　怪命得財

南京自古就有著名全國的名勝「秦淮河」。以人口的稠密論，當然古不如今，但若就風景論，則今不如古，現在的秦淮河，固然依舊也有畫舫、也有歌妓，而兩岸人烟煩囂，市肆嘈雜，絕無淸雅幽美之象，人們讀過唐詩李牧的「泊秦淮」的絕句，沒有不對秦淮河有極美麗的嚮往。

嚮往的理由第一是因爲秦淮河乃秦始皇時的古蹟。相傳秦始皇統一天下之後，想到南方來巡視，要從淮水南下，渡過長江，再由南京轉道去江南各地，乃遣派江南各省的民工，把南京西南郊的鍾山又名紫金山鑿去一缺，然後再把淮水疏通，所以就把這條河名爲「秦淮河」了。

對於秦淮河的嚮往，除這歷史古蹟之外，由于詩人李牧的絕句，更使人有幽美的「景物」、「醇酒」、「女人」和「歌聲」的美妙景色。因爲那首詩是這樣說：「烟籠寒水月籠沙，夜泊秦淮近酒家，商女不知亡國恨，隔江猶唱後庭花。」（商女就是妓女，後庭花就是妖艷的歌曲。）

清初滿族入關統治中國之後，南方未見平靖，清兵源源南下，進佔江南各省要衝，南京古名建業，乃華中軍事要鎮，當然首當其衝，所好畢竟乃一名城，軍事平靜不久，秦淮河畔，依樣紅粉笙歌不絕，秦淮河的北岸，又有著名的「夫子廟」，不是文物的中心，而是雜耍的淵藪，什麽算命、看相、卜卦、醫生、古董、變馬法、賣膏藥等等，無奇不有，聽說直到現在也還存留多少六朝的遺風，在這裏苟延殘喘若斷若續。

當時有兩件大事發生於秦淮河畔的，一件事是有一個歌女，一曲得賞白銀一千両，一件事是有一個算命先生，一句話也得了一千両的賞銀。這故事相傳至今仍爲秦淮一帶下層社會酒餘茶後的談資，其經過的事實當是奇妙的。

有一天駐在南京下關的清兵大營裏，有一個漢人的錄事（即今日的書記），黃某拿一本唐詩三百首對大營中的幾個粗通漢文的滿人講解南京的故事，就把李牧那首「泊秦淮」的七絕說給他們聽，他們滿人雖然粗通漢文，却對南京歷史勝地莫名其妙，一聽他講解秦淮河的詩景，原來這裏有秦始皇的事蹟，又有這美好的風景，近在眼前，當然都想一遊勝地爲快，於是他們就上簽呈給上司，請求給假半日。

爲着要使上司批准他們出遊城南名勝，就把李牧那首詩句就抄在簽呈的裏面，說是「有詩爲證，如此江南勝地，不可不遊。」果然這位大員一看見簽呈，立即批准給假一日，並發白銀若干兩作爲一日飲食遊資。

第二日，這位大員把昨日出遊的人員，全體召見，叫他們把昨日所遊覽的地方、景物，各說各的所見所喜。有的說畫舫美妙，有的說歌女艷麗，有的說算命看相靈驗，有的說路邊小吃美味，眞是應有盡有，盡美盡善。

第三日，這位大員就把那個漢人錄事黃某召來，自己改裝爲南京的居民樣子，也叫錄事改服平民衣服，兩人偷偷地也到秦淮河去觀光了。他對錄事說，因怕被人看出是滿清的大員，所以叫錄事稱他爲「陳先生」，不要稱「大人」。說是今天一切不拘禮節，像朋友一樣，避人的耳目爲要。

當時他們兩人，白天先上雞鳴寺，俯覽玄武湖；又去雨花台看花置石；傍晚才到夫子廟看雜耍。當他們走過一家命館叫「無極閣」時，他就信步走了進去。因爲他滿口說的是滿洲口音，就對算命先生說明，自己原是漢人，古時遷徙滿洲，所以因爲生長於關外，就說關外的話了，此次隨着清兵入關，在清兵大營當錄事多年，此次駐扎下關，特意來算算命，看看將來命運如何？最近有無陞遷的希望。

算命先生隨即把他的八字一看，就對他很驚奇地說：「陳先生，這八字確是你的八字嗎？」

這位冒稱爲陳先生的大員，爲人非常靈動，一聽見算命先生驚奇的口氣，就知道算命先生已從八字上發現了什麽特別的事了，心想若是自己承認這八字是自己的話，將有許多不便說話之處，於是他立即改變口氣說：「請你儘管照八字來談命理，是好說好，是壞說壞，這八字是大營裏的一位同事託我來算的，他和我一樣，也是生長在滿洲的漢人。」

「我敢相信，這八字絕不是你那位朋友的八字，必定是另一個人的八字；因爲這八字乃是一位官居一品，掌握兵權的大八字，依現今的情形論，不是皇親國戚，不能官居一品而又掌握兵權；所以我又敢斷定他是當朝的皇親國戚。」

他聽了就裝做不知道的樣子，說：「這八字也許是別人托他的。」但是，不管這八字是誰，請你再說下去，讓我記下來，回去好回話。」

說着他就向算命先生取了紙筆，一面在那裏把大意記下來了。

算命先生說：「此公八字，位列三公之間，權在主帥之尊；此時不特榮貴而已，且是富將敵國。但可惜此財乃是橫財，並非正財，生不帶來，死不帶去，他日留與子孫，亦必破散無餘，如能宅心爲善，尙可延年益壽，否則廣厦千間，居處外皆空室！」

說到這裏，這位冒充姓陳的大員就截斷話路問道：「你說他所得的是橫財是何意思呢？他的壽命如何？他的子孫又如何？」

算命的說：「所謂橫財，是說他現在大權在握，又是皇親國戚，到江南的無非掌握兵權的主帥，當然難免有不應得之財，這便是所謂橫財了。」

「橫財是否就不能享用呢？」姓陳的大員問：「難道得橫財的旣係命中注定，又必定非破敗不可嗎？」

「那不一定都要破敗；但有的不止僅僅破敗而已，還要招來殺身之禍的。」算命先生又說：「有的橫財是得自幸運，例如接受別人的贈予，或者承繼先人的遺產，或由賭博贏來的，其中並無愆過的，倒也可以享用，不至於破敗的。至於此公在這一二年內，所得的橫財，大都來自權勢，並非幸運，所以他雖然也有享用的福氣，可是壽命並不太長。」

算命先生又繼續說：「他的壽命不出五十八歲，任他如何揮霍，千分之一的財產也沒有用完。至於他的子孫，雖然都能世代襲爵坐享福祿，但却無此公的顯赫功勳了。」這位大員是誰呢？原來就是當年統領大軍南下的淸兵元帥鄭親王多鐸，他聽了這位南京夫子廟算命先生對他這樣評斷，個人心中不禁大吃一驚，他記起在北京時，因爲自己乃皇族親王，不便到天橋去算命，却也曾叫人代替他去算過，回來的報告都是說他壽高可達古稀之年，而獨這位算命說他只有五十八歲的壽命。

而且其他也說得非常眞確，並無江湖兩可的話，因此他就想起有一事要問他。他記起從前北京算命曾說他今要納第五妾，而且年紀只有十八歲，他本是一個好色的王公，對這問題頗有興趣的。

於是他就向算命先生問道：「此公的富貴子壽你都說得很明白了，試問他的妻宮如何？請看看他今年有無納妾之事？過去已經納妾了沒有？」

算命先生笑笑地，不待他說完，就答道：「這事本來馬上就要論及的，他的橫財既旺，妻宮當不美好；因爲看妻看正財，看妾看橫財，他的正財受尅，所以他早年失耦，現由塡房主理中匱，除了這位續絃外，前年冬季已納了第四妾，而今年就是近在三十天內，又要納的第五妾了。」

一這第五妾當是怎末樣的女人呢？」鄭親王假裝做鎮靜的態度說：「你說他在三十天之內，是眞的嗎？」

「是的，最遲不出三十天，由今天卯時交入芒種之後，隨時都有納妾的可能，遲則二十天，快則一二天之內就有機會。」

算命先生說：「如果他是你們的主帥，納妾例該賜宴請你們部屬，我敢包你們最近就有這喜酒飲了！」

鄭親王多鐸對這算命先生所說十分滿意，伸手從身上掏出當時大營所通用「銀票」兩張，交給算命的，說：「我來時，我們大營裏長官曾吩咐我說，如算命的能把八字說準，就把這張銀票發賞，現在請你收下。如果在三十天之內我們的大人果然納妾的話，他也許會請你去飲喜酒。」算命先生接過銀票一看，嚇了一跳，原來每張票面寫明五百兩，兩張是一千兩銀子。

多鐸和錄事黃某從命館退出之後，天還沒有黑，秦淮河畔畫舫還沒有上燈，那時正是夕陽斜照紫金山的時候，他記起前幾天，黃錄事曾對他說過唐詩人劉禹錫「烏衣巷」

的詩句，就對黃錄事說：「烏衣巷離這裏遠不遠？如果不遠，我們先去憑弔烏衣巷豈不美哉？」

黃錄事對南京地理並不熟悉，只從唐詩上讀過幾首關於南京景物的詩，也不知烏衣巷到底距離夫子廟多少遠。好在夫子廟附近隨處都有驢夫牽着三兩驢子，在那裏向遊客兜生意，於是黃錄事就向驢夫查問烏衣巷在何處，驢夫告訴他烏衣巷在朱雀橋，離此不遠，於是他們議定來回程，兩人就各自騎上驢背，由驢夫帶去烏衣巷了。

一會兒到了朱雀橋，此時正是晚燕歸巢的時候，黃錄事打開唐詩，和鄭親王兩人，在那裏同聲低吟：「朱雀橋邊野草花，烏衣巷口夕陽斜。舊時王謝堂前燕，飛入尋常百姓家。」

兩人飽覽了朱雀橋和烏衣巷的風光古蹟之後，回到秦淮河，距離燈紅酒綠的時候尚早，兩人就往河畔的酒家去，在酒樓上開窗遠眺，秦淮河南岸風光一覽無餘，那時正是夕陽西落的時候，河上畫舫也陸續開始上燈了，有些小畫舫，做的是下層社會的生意，也先後開鑼賣唱了。

當時秦淮河畫舫有上中下三等，下等的最早開鑼最後停鼓，上等的最遲開鑼，最早停唱。而且，所謂「掛頭牌」的歌女，不是最先唱，而是最後唱，所以上流的遊客都是預先定位而後到的，黃錄事打聽了這規矩，就請酒樓堂官（夥計）去訂了兩位頭座之後，兩人就在酒樓中欣賞秦淮的夜色了。他們又打開唐詩李牧的泊秦淮詩句，邊飲邊吟：「烟籠寒水月籠沙，夜泊秦淮近酒家，商女不知亡國恨，隔江猶唱後庭花！」確是人在景中，景在眼中，眞所謂「即景」詩情夜色。

時候不早了，他們下酒樓上畫舫去了，當時秦淮河有五艘大畫舫，其中最著名有兩艘，一艘名叫五鳳樓，一艘名叫鳳凰閣，由酒樓到鳳凰閣比較近些，所以剛才黃錄事叫酒樓堂官在定座時，在近在鳳凰閣定了兩位上座，就是前座第二排的位子，本來前三排都是上座，平常也大都是當地文武官員或富紳巨賈預先定座的，那天他們兩人總算好運氣，能夠訂到這樣好位子，多鐸和黃錄事也十分滿意。

他們登上鳳凰閣畫舫時，已經開鑼好久了，畫舫上有一種習慣，越是濶佬，來得越遲，上座的客人，大都開鑼半塲之後才來，甚至只來捧他的歌女，當然大都是頭二三牌的名歌妓，所謂「色藝雙全」的也都是掛頭二三牌的，鄭親王和黃錄事兩人在酒樓時就打聽了這習慣，自己旣然訂了上座，就應當裝出上座客的風度，開鑼半塲了才去的。

那天掛頭牌的芳名是金紫鳳，二牌的是黃菊英，三牌的是江丹鳳，多鐸親王署通漢文，他對頭三兩位的芳名認爲太俗氣，而對黃菊英的芳名却認爲相當別緻，果然，三牌唱罷，二牌出台時，黃菊英的風度，委實雅而不俗，清中有艷。鄭親王向畫舫堂官查明點唱的規矩，當二牌唱罷頭牌金紫鳳上台不久，就以畫舫所定點唱台銀十培點唱了黃菊英，於是黃菊英當天晚上變爲頭牌了；因爲須以十倍的點唱台銀才能在頭牌之後點唱。

這一下却把全場的人都驚愕了，就平常一般情形言，像這樣點唱，不只是歌女的熟客，大都是有意娶歌女的，而且需要一連三夜，第三夜還要在酒樓開筵大請客的，請客之後，第四夜起這位歌女就改掛頭牌，依照規矩，還要等待掛頭牌滿一個月之後才能娶她，因爲這位熟客還要負責捧她滿座一個月，使畫舫老板多賺一點錢才行的。

但是，那夜鄭親王第一次到秦淮河聽唱，不特不是熟客，而且在座也沒有一個是熟人，當然談不上要娶黃菊英，而要娶她也不是這樣簡單，除兩廂當事人合意之外，還有身價、聘金等等問題都需要事前議妥的，因此當時鄭親王事前叫黃籙事先對畫舫領班說好，他只想把黃菊英捧爲頭牌，並無娶她的意思。照畫舫規矩，生客無條件來捧場的，歌女應當下台來向點唱客人陪坐一會，表示謝意的。因爲多鐸不願意這樣做，他怕自己的身份被暴露，事先關照堂官說不要謝禮。

這情形却太特別了，一般人都是將錢要賣這謝禮的面子的，同時也可以親一親美人的香澤的，而今這位新客人竟然决定要花三夜的十倍台銀點唱捧場，而不要謝禮，這不太可怪了嗎，於是領班的就來請多鐸留下地址，說是黃菊英小姐想明天或今夜，到府上去道謝。

此時確使鄭親王多鐸發生難題了。因為住址既然不便留下來，那就是很使黃菊英不安，她今晚不去道謝，也不知他的府上，明晚他若是不來點唱，她就沒有面子了。多鐸是一個非常靈動的人，他立刻對領班的說：「我可以到台後看看黃小姐嗎？」

「那最好不過了，」領班的說：「我們本來是不敢有勞大駕的，黃小姐也還在後台恭候你的吩咐。」

「好的！」鄭親王說了一聲，就和黃錄事兩人隨領班的走進後台去了。

多鐸親王到了後台，和黃菊英畧畧點點頭，說說幾句客套話之外，沒有說什麽話。他就掏出了兩張銀票，也是像下午賞給算命的一樣，每張五百両銀子，兩張共一千両銀子，他當着衆人面前交給黃菊英，說這是給她做見面禮的。又拿出一張一百両銀子票面的。交給領班的，說這是留作明天後天兩夜點唱台銀外，剩下的請發賞給後台和各位堂官作爲茶資，同時他又說，明後天兩夜他可能不會來。

這一下却把鳳凰閣全畫舫上下等人大爲驚奇了，這是秦淮河畔空前的事件，黃菊英當然立刻向他道謝，那時鄭親王多鐸雖然已經是四十開外的人了；但因他出身貴族，居尊處優，福至心靈，滿面紅光，只能看得三十多歲的人。又因爲他滿口說的是滿洲話，使黃菊英想起他當是一位巨賈，或一位大官微服來到江南，於是她不自覺地對他有些脈脈私情似的，對他說了一聲：「恕我年輕女子，不懂得大禮貌，以後若有機會，我若是有福氣，還請你多多教導！」

鄭親王看見這女子眞會說話，就順口問他：「黃小姐，你今年芳庚幾何？」

黃菊英嬌癡地答道：「賤庚今年十八。」

「十八歲？眞的嗎？」多鐸驚奇地說：「我以爲你今年只十六歲哩。」

「十八歲了，快要老了！」黃菊英又癡笑地說。

接着多鐸就叫黃錄事把黃菊英的住址記下來了。

十天後，南京下關清兵大營裏大開筵席，夫子廟無極閣算命先生也接到請帖，秦淮河畔由鳳凰閣、五鳳樓以下所有畫舫的前台後台，全體堂官、全體歌女都被邀前往觀禮受宴，而且這一天全體停唱一天的損失全部由鄭親王發賞，黃菊英自己做夢也想不到，竟然爲鄭親王的第五愛妾。

自這事之後，本來民間不留意的淸兵統帥鄭親王多鐸的名字被傳遍了長江兩岸，尤其是江南富庶之區，也從這時候起，大家漸漸知道，淸兵統帥多鐸軍行所至之所以大肆刼掠，原本不是兵卒之事，而是主帥貪汚，江南本是全國富庶之區，所謂「兵過籬巴破」，小兵搶小的，主帥掠大的。所有金銀珠寶，小兵不能携帶，便統統都歸多鐸所有了。依當時的人觀察，滿淸皇族中，入關之後個人的財富鄭親王是首屈一指。

當然他因爲聽過算命的警告，說類似此種從民間刼奪得的財富是不正當的橫財，可能招來殺身之禍，所以他也不免將少數珠寶古董字畫之類，也呈獻給皇上的，也因此他終於僥倖無事，亂事旣平之平之後，不特安然無事，而且皇上又賜給他一座大宅第，題名「帥府園」。

這是多鐸的命運和手段，也是滿淸厚待皇親國戚，尤其是有功的滿族功臣，這帥府園算是滿淸一代最初的御賜，因爲多鐸是當時平定南方的大功臣。

鄭親王此時可說富貴已是登峯極了，他想起從前南京夫子廟無極閣算命先生對他說過的話：一件事是說他的壽命只到五十八歲；第二件事說他的財產將來會被子孫破敗。因此他就一面想如何享用財富，一面想如何保存這財富不至於被子孫所破敗，於是他決定建築一所堂皇富麗的帥府園；因爲這樣自己既可以享受，而帥府園也不能隨便出賣，沒有人會有地位和金錢來買這府第。

多鐸決定之後，花了好幾年的時間，一步一步把這王府刻意建造起來，其規模的偉宏，工程的偉大輝煌工巧，幾埒王宮。這就是北京最有名的「鄭親王府。」

但是，命運却把他注定了的鄭親王縱是富貴無比，而終於無法不能不在五十八歲那年與世長辭。命運又把他的子孫注定了，雖然可以世代襲爵食祿，終無一個再能崛起爲國宣勞。經過二百多年的悠悠歲月，鄭親王府的子孫漸漸式微了，每年的官銀不夠費用了，金銀財寶被世代子孫賣的賣的，偷的偷的，也都弄光了。

雖然滿淸的王朝三百年歷史福蔭了多鐸的子孫，但王朝倒了，宣統遜位了，所有親王子孫的每年宮銀沒有了。入了民國之後，多鐸的子孫窮到軟的吃完要吃硬的了。惟一的硬貨就是這所親王府了，這所鄭親王府公開求售也沒有人要。佔地數十畝，宮殿式的宅第，有誰有此財力敢要呢？由民國元年開始求售，一年二年三年過了，都沒有人來問價。

民國三年春天，有一個多鐸的子孫名叫雍濤的，窮極無聊，想在北京機關裏謀些小職餬口，因爲他是皇族的後裔，大機關當然不會用他，而適宜於他的，實在不容易謀得的。

那時候國內還是沿襲舊制，公娼制度還未被廢，北京有名的八大胡同的妓院，都是正式向政府領有牌照公開行業的。這個發牌照的機關，是財政部的駢枝機關，名爲「花捐局」，局長孫某是光緒年間曾當京官的，雍濤就向他求情一枝寄棲，俾可取得薄俸養家。

因爲花捐局每日要派出若干調查員去各妓院查看，而妓女們對於滿清遺裔還不曾看輕，所以還用得雍濤去當一個調查員，他就到北京的花捐局去當一個跑腿的小職員了。

那時正是袁世凱當政的時代，北京政府襲亡清的暮氣，不特十足官僚政治，當然也和貪污連在一起，雍濤旣跑熟了妓院的路道，又係局長孫某所栽培的，熟則生巧，上上下下明明暗暗起來，從中竟然另有很好的「外快」。當然這外快不是他個人所能獨得的，分贓不的結果，就被人告發了。在當時，這原是小事，但在雍濤身上却是一件大事；因為如果他被撤差，就不容易再謀到事做了。

他担心這事會惡化，急時抱佛脚，有一天他乘到前門外之便，就順路到天橋去算算命，看看命中今年有無窒碍，會不會丟差，到了算命館裏，他就把自己是花捐局職員及以某些麻煩之事，都告訴了算命先生。

奇怪，算命先生看了雍濤的八字，不特叫他放心，此事不致於丟差，而且說他過了四個月，就是明年清明節之後，先破財後得財，而且破的財愈大，而得的財愈大，這話把雍濤聽得莫明其妙。他就問：「我是一個無財可破的人，就是此次貪贓的錢，也早已花光了，那裏還有財可破呢？而且，所謂先破財後發財，到底是什麽意思呢？」

算命先生說：「你這八字確然是一條怪命，依你的八字看，應是一個很有財的人，而且這財是祖先傳下來的。但因這財完全封藏在庫中，所以你事實上又是一個一貧如洗的人。」

算命的話還沒有說完，雍濤就急問道：「是的，我的祖上雖然有財，你說的却一點也不錯，差不多我一生下來就是家徒四壁的窮人，所以我才會在當花捐局的調查員，像這種太不像樣的職事，不是窮困不會去做的。」

「你是貧窮無財，乃因財藏庫中，無從取出的毛病；但這八字却又有一個奇怪，依你的田宅宮看，你又是田宅宮極好的人，何以你係一生窮困，而田宅宮又是很好呢？這眞是奇怪了！」

算命的還在那裏搖頭思索的時候，雍濤就問：「所謂田宅宮很好，到底是什麽的意思？」

算命先生就解釋說：「田宅宮和妻宮、子宮一樣，妻宮好，配妻賢德，內助得力；子宮好，生子賢能，後代昌明，田宅宮好，不是有田地，便是住宅好。」

「對了！」雍濤跳起來說：「先生，我的住宅是太好了、太大了的。我祖先所遺留給我的田地早已賣光了，現在就只有這一所房子了。」

「那末，我所說的就沒有錯了。」算命的說：「只要這兩點我看準了，一點是你一向窮困，但財藏庫中；一點是你的田宅宮很好，確有其事；那末我剛才所斷言的，你明年清明之後先破財後發財，就也必定說得準的。」

雍濤又懷疑地問：「你剛才說我因財藏庫中，所以一向窮困，無財可用，那末，命中既是財藏庫中了，明年又何以又能得財呢？難道命定的事，隨時也會改變不成？」

「你問的很有道理，但我說的也自有道理。」算命先生又解釋說：「你過去是財藏在丑庫裡，而四柱的己酉丑又連成一氣不易冲破；而明年清明後你交入未運，又逢乙卯年，四柱中又有一亥，於是亥卯冲動巳酉丑，那時候你一定有新的動態，或者你那時會做某種生意也可能。而這生意似到了六月裡可以成功，但必須先失敗、破財，因爲六月是癸未，未又冲丑，所以財庫被冲破，因而破財了。」

這話使雍濤聽得更胡塗了，他又問：「既然六月間破財了，也就是比喻說做生意失敗，以目前的情形看，我是沒有本錢做任何生意的，因爲我一向也不會做過生意，就是說明年有意想不到的機會，或是朋友帮忙做生意，所籌的本錢也不會太多，一失敗就不可能再繼續做的，那裡有先破財，而又後得財的道理呢？」

算命先生被他這一問，也覺得說不過去，他愁眉在想。突然向雍濤問道：「先生，你剛才說你的祖先遺留給你的田地早已賣光，現在所有的房子確是太好、太大了，到底你的祖業大到什麼程度？好到什麼程度？」

「先生，你現在問到這個問題，我也不瞞你說，我的祖遺房屋就是鄭親王府，鄙人就是雍濤。」

這一下却把算命先生跳起來了，「噢，你就是雍濤先生，鄭親王就是你的！」算命先生便笑逐顏開得意似地說：「這兩三年來你不是想要把這屋子賣掉嗎？那末，我所說先破財後得財就在這事上面了，明年六月間，你這王府宅第必定賣得成功。」

「眞的嗎？」雍濤心中也在跳動了，他說：「先生，何以見得會有人要呢？那屋子太大了，價錢委實也太大，有誰要呢？」

「你用不着再懷疑了，我說的先破財就是賣去祖業的意思；後發財，就是賣成功得欵的意思。命中既然這樣注定了的，到了時候自然有人來找你的。」

雍濤看見算命先生這樣說得有把握，心中萬分緊張，因爲如果這親王府房子能賣得成功，他這一輩子的衣食就可無憂，他也不用再去當花捐局的跑腿小職員了。

他便以十三分興奮的心情問道：「因爲這祖業是我三房兄弟所共有的，我是長房，雖然可以多分一份，但不能完全做主，請你再給我細看一下，將來有沒有其他麻煩？」

算命先生又輕搖其頭地說：「從八字上看，你明年六月間賣屋得財，以及有人和你分財，那是沒有問題的，也不會有什麽糾紛的；但有一事我又看出了，我需要告訴你，依這八字看，你於六月得財之後，似乎有一些不快意之事發生。這不快意之事，要到八月之後，十月之前這三個月中可以解決。很奇怪的，因爲八月是酉月，十月是亥月，又是冲動財庫，照理，此時又有一筆大財可得；但從事實上推想，這親王府既賣妥了，你又有什 可得呢，現在我也莫名其妙了，只好等到了那時再說吧！」

事情眞是太奇妙了，鄭親王府若干年是賣不掉的，到了民國四年乙卯歲，清明過後幾天，果然有人向雍濤接洽，買主到底是誰呢？賣這樣宏大的宅第到底做什麼呢？說來實在太奇怪。原來買主是美國煤油大王，賣這親王府原是要把它改建爲協和醫院之用。

果然從三月清明後幾天開始接洽，很順利地簽訂了雙方買賣的契約，也果然在六月中貨欵兩訖了。雍濤和其他兩房也順利把賣欵分清楚了。這事當時哄動京津一帶，一則是親王府這樣大的宅第竟然賣得成功；二則是天橋算命竟然把雍濤八字看得如此準確。

當時因爲雍濤長房分得這一筆大欵子，當然有人向他建議拿一小部欵子做生意，雍濤本來是一個標準的公子哥兒，從來吃官銀。沒有做過事，更不曾做過生意，起初他當然不想做，但後來又想起算命先生曾說他八月到十月之間又有發財的命運，那末非做生意不可了。

於是他在猶豫不决的時候，又跑去天橋去問那位算命先生。此時他與這位算命先生已經成爲好朋友了，他把做生意的計劃告訴算命先生，請他代爲决定這生意做好還是不做好。算命先生當然只有再拿出八字詳細揣摩了。

算命先生告訴他說，生意固然可以做，不致於虧本；但也不能發財，因爲做生意得財是正財，而照雍濤的八字，他的正財只是六月賣掉祖屋所得的這一次，以後不再有正財。雍濤就問：「那末你所謂八月到十月還有得財的機會到底是什麽財呢？」

算命的說：「那是横財，不是由買賣得來的財，而是意料不到的財。」

雍濤聽了對這所謂意外横財並不感什麽興趣，因爲此時的雍濤已不是前兩個月的雍濤了，他已是一個富翁了。於是他就聽算命的話，拿了一小部分的錢和一個朋友合資做了一些天津方面的生意。

到了八月底，北京突然風傳鄭親王府第，被協和醫院拆除舊屋時，曾掘出巨大的財寶，說是有一個殿脊上面的圓頂，如一隻甕的，雍濤家人原以爲是銅頂，原來拆下來一看，全是純金製的，重達一千斤。又在多鐸從前的寢室中，有一梳妝台，是大理石砌成的，拆除時發現台下有一暗門，可通入地窖，裡面貯滿白銀錠，計達七十餘萬兩之巨。

這消息被證實之後，雍濤十分的懊悔，他立即跑去和算命的商量如何辦法。算命的說：「依命理看可以向協和當局交涉，而且必然會索回多少財物。於是他就向各方請教，結果，兩兄弟都不肯出錢請律師，因爲認爲買賣房屋的契約寫明一切財物均歸賣方所有，買無法再過問的。

算命先生叫雍濤把他兩兄弟的八字拿來一看，明顯的可以看出他兩兄 弟並無 橫財的命運。

而獨雍濤有此命運，於是他力主雍濤單獨向對方交涉，雍濤得到算命的鼓勵，就和兩兄弟約定，說是雍濤單獨出錢與對方交涉，一切得失與兩兄弟無關，契約成立後他就一面托人先向對方講人情，一面與律師商量如何進行交涉。

依當時的情形看，如果此案告到法院，法院很可能帮助雍濤方面，因爲對方是美國人，對方顧慮這一點，同時也知道這事只雍濤一人的要求，便托人從中斡旋了結。

把發掘出來的白銀，拿出十萬両，作爲贈送雍濤個人，雍濤個人意外得此巨欵，也認爲滿意了。這雍濤怪命得財之事，至今北京人還時常茶餘飯後談得津津有味的。

命中桃花刦殺　寵妾死於槍下

說起桃花運，好像多數的男子是喜歡的，尤其是年青好色的男子，最好一輩子都有桃花運，那末尋花問柳，楚館秦樓，最後死作石榴裙下之鬼，豈不樂哉！但不知所謂桃花運並不就是男女歡樂之事，如果這運中藏有刦殺，那就禍隨樂來，每每樂未享而禍先發，甚致有殺身之災。

所謂桃花運，原是指男女結交之事說的。大體說來，有「正桃花」和「偏桃花」之別，正桃花有兩種：一種是指夫妻的結合說的，即結婚前的戀愛之類。一種是指男女間的友誼說的，即在社交上甚得異性的好感。所以正桃花是可喜的事，不會有任何挫折或不幸之事發生的。

至於偏桃花，情形就有不同了，所謂「偏」，也有兩種意義：一種是不成爲夫妻的邂逅；起初雖有多少歡樂，而最後却是留下創痕，無限惆悵，甚致此恨綿綿！一種則是夫妻之外的野合，有的像逢場作戲地在似樂又是苦之中過去；有的則種種乖逆變故接踵

而來，弄得財色兩空，甚致一命嗚呼的。

這在命理上，就是人們所熟聞的「桃花刼」與「桃花殺」兩個名目了。這兩種刼與殺，都是偏桃花運的後一種。若是命中有桃花刼或桃花殺的，到了時候如能謹愼，不難避過；因爲桃花運不比橫財運或橫禍運，事前無法知道，突然而來。桃花運一開始就可以知道的。當你在交際場中碰到一個異性，你對她有好感，而她對你也好印像若即若離有情意時，這就是桃花運的來臨了。所不知的只是到底是正桃花還是偏桃花而已。

當你遭遇此種情形時，如果你已經結了婚，無疑的這就是偏桃花；如果你還沒有結婚，可能是正桃花也可能是偏桃花。在此情形之下，最好的辦法就是去算算命，查查看今年有無桃花運，是那一種桃花運。如果是桃花刼或桃花殺，你馬上就與那位異性絕了往來，豈不是避過去了嗎？如果你見色心迷，那末，無疑的，刼殺之事就要跟着來了。

現在舉一個當時很多人都知道的一個故事，那就是一位剿匪司令後曾任安徽省政府主席的劉某，其寵妾因犯桃花殺，死於槍下的事實，作爲命理上的說明同時這故事也可以說明一個男人，犯了桃花刼的招災惹禍的事實。這事發生於抗戰前若干年，地點是在武漢三鎭的漢口。

武昌與漢口雖然只隔一衣帶水的長江，而山光景物却是兩樣；漢口是江北的平原型，而武昌則是江南的山嶽型，城內就可看見有名的蛇山，是武昌起義時重要的軍事據點，山上更有三國時代遺留下來歷史有名黃鶴樓古跡。城外也還有著名的東湖，風光明媚，附近又有山色葱翠的珈珞山，即著名的武漢大學的所在地。

因爲漢口當時是外國租界，是華中的工商業中心，所以富豪之家大都住在漢口租界之內，沿着長江一帶，馬路以及屋宇，完全西化，而武昌則係代表中國古老的城市，十足東方色彩，因此，凡是住在漢口或經過漢口的人，沒有一個不來武昌遊山玩水的，而最能吸引遊人的當然是蛇山的黃鶴樓，因爲登樓不特可以俯覽武昌全城景色，且能眺望長江上下數百里，而隔江的漢口和漢陽也歷歷在目了。

蛇山黃鶴樓舊地的左鄰，爲着適應遊客的興趣，算命看相的地方甚多。因爲相傳此地曾爲古時諸葛亮祈東南風之處，所以不特是風景區，同時也是帶有神奇的地方了。在這裡的命相舘招牌，大都借用古代神秘人物的名字，諸如鬼谷居、賽諸葛之類。論生意當然都差不多，因爲命相之術或靈或不靈，彼此工夫相去不遠，而彼此招牌也沒有什麼特別，大家也只是靠命運碰每月每天的運氣了，當天運氣好的，就多做些生意，運氣不好的就少做一些生意。因爲那地方房屋少，只有十幾家，所以生意都還不差。

其中只有一家，據說是湖南衡山上的一個在山道士，爲的要下山來結人緣三年，就在黃鶴樓畔向別人借了半爿的木屋，招牌是「福吉星」三字，而他自稱則是唐道人。「後來居上」，據說他的生意是全黃鶴樓第一，理由是招牌不用古人名字，而算命看相的人都有盼望新幸運的心情，而能得福吉星拱照，當然沒有人不歡迎的，其次就是那道士高鼻長髯，道袍綸巾，一望而道貌岸然，確也是其能吸引過路客人的特點。

事實上當然還是靠他命理高明，立斷不爽。大凡在民國二十年前後到過武昌鎮的，遊過黃鶴樓的沒有一個不知這間福吉星命館的，這位唐道士斷命奇驗的故事甚多，現在姑舉他替一個剿匪司令的寵妾所斷的型說一說。

有一天福吉星命館來了一個西裳筆挺，看來只有二十多歲的翩翩佳公子。此君一口北京話，好像是北京人；但從他的體型看，是一個典型的美男子，又好像是南方人，福吉星算命普通潤例有三種：一種是請談終身，一種是請談流年，還有一種則是請問事，這位美男子說明是問事的。

報了八字之後，唐道人說：「先生，你要問的是什麽事？」

「你可以看得出我近來會發生了什麽事沒有？」這美男子說：「我是從北平來此不久。」

唐道人笑笑地說「我看出的是，你上月起，走桃花運，有一個女人向你追求，在你身上用了不少的錢，上星期，你被她追求上了。」

唐道人又搖頭說．「男人走桃花運原是艷福的；但你今年却不宜走桃花運，因爲今年是桃花刼，有麻煩。」

「眞的有麻煩嗎？會有怎樣的麻煩呢！我現在是來漢口做生意的，對我的生意有害嗎？」美男子又說：「我想和這女人斷絕關係，又會不會發生別的麻煩呢？」

福吉星命舘主人說：「請你不用懷疑了，我敢斷言，你已經發生了麻煩，不過這麻煩還只是開始，此後在三個月內，將繼續不斷發生更大的麻煩，當然對你所做生意有害，你來漢口做生意，而這麻煩將使你離開漢口的。」

他又解釋說：「依你桃花刼來說，不特所引起的只害你自己，也會害對方的。至於你若有意避免這刼運，並非難事，只要你肯犧牲這漢口的生意，你回到北方，離開了那女人，就可以避免麻煩了。總之，不是你離開她，就要她離開你，如果兩不肯離，那末這切運難逃的結果，會造成牢獄之災甚致有傷害身體之虞的。」

這位美男子一被唐道人這麽一說，自己的秘密已被說破了，便無法不自招認的告訴說：「的確我已經發生了麻煩了，我昨天已經接到一封無頭信，對我恐嚇，說是我若不從速離開漢口，他們將對我的身體不利的。」

「那末，你既也有意和那女人離開，你就離開漢口好了，何必又對她留戀呢？」唐道人說：「你在漢口的生意不可以暫以托一個朋友代理一下嗎？否則，你就應當設法叫那女人暫時離開漢口，等你生意事提早結束，也是一種辦法的，除了這兩種辦法，實無法可想了。」

美男子爲難地回話說：「我的生意有契約關係，還有三個月時間，一時不能離開，也無法托人代理的。至於她是否可以離開，肯不肯離開，也都有問題，我也不能替她出主意，更不能負此責任。現在我所最担心的就是他們如果對我不利，傷害我的身體，請道人再給我細看一下，我在漢口的生意還有三個月的期間可以作一結束，到底在這時間內，我會不會有身體上被傷害呢？你可以不可以看看我的生意的情形如何呢？」

唐道人再細看了他的八字之後，說：「本來你只要請談問事的，不談你的職業以及其他問的，現在你是否要我請談流年或是請談終身呢？」

「是的，」美男子說：「凡與此次之事有關連的都請你談談，潤例照付，沒有問題的。」

「依你的五行八字看，似是一個頗亨盛名的人物；但依你的格局看，既不是有權勢地位的貴人，又不是有道德文章的文人，因此我想你當是一個……」唐道人說到這裡突然停住不說下去，伸手取了紙筆自己寫了兩字在紙上，又把紙折叠一下，再微笑地說：「請你恕我胡說一下，我想你在社會上雖頗有名氣，但不是有地位的人物，你的職業並不高尙，不知我所說的對否？」

「對的，」美男了被他說得跳起來，「唐道人，你的命理眞是高明極了，我是唱戲的。」

「眞的嗎？」唐道人却笑起來，他立即把那張寫過字的紙條打開，遞給美男子一看，原來紙上寫的是「名伶人」三個字。

美男子立即伸手和唐道人大握其手，道：「我是唱京戲的，就是現在漢口排演的，有三個月期間。」

唐道人似乎很得意的樣子，就問：「請教你的大名？」

美男子也微笑地答道：「我就是小楊月樓。」

「噢，小楊月樓就是你，久仰大名了，只因爲我對京戲外行，所以還沒有機會去觀光，開開眼界，眞是抱歉得很！」

那時名伶小楊月樓是全國聞名的京戲小生，正在漢口排演其拿手大戲，唐道人在報紙上時常看到小楊月樓的名字，所以那天特別對他有好感。

而小楊月樓呢，因唐道人竟然命理如此高明，又想怎樣能夠避免這桃花刼的惡運，所以不得不把自己的職業身份告訴了唐道人。

接着小楊月樓就把自已和那個人邂逅之事告訴了唐道人，他說：「那女人是一位軍人的姨太太，這位軍人頗有權勢，但他不在漢口，所以她就天天來看我的戲，又找了機會來看我，她對我有意了。」他又自己懊悔地說：「也怪我自己不好，把握不住，終然被她所引誘了。」

「那末現在是否被她的丈夫發覺了呢？是誰對你恐嚇呢？」唐道人說：「依你的命理看，因爲你只是桃花刼，不是桃花殺，因此桃色事件有麻煩、有損失，那是難免的，我想你免不了要破財，其他重大事件可能不會有的；但你必須與她不再來往，否則可能另有變化。」

小楊月樓此時對於破財倒無所謂，而對那女人即行斷絕來往倒也願意，問題在於此時是否來得及。他就說，那女人的丈夫是一位剿匪司令，這位女人是他的第三妾，目前她的丈夫知道不知道此事無從知曉，但他還在前方沒有回到漢口。至於那封恐嚇信，說是如果不立即與她斷絕來往，不離開漢口，他們就要對他不利，信中會寫明「毀容」二字：這是伶人最怕的事：所以他問唐道人，從命理上看，他最近有無被毀容的災難呢？

唐道人說，依小楊月樓的八字看，雖然沒有「毀容」的災難，但却有「毀譽」的情事，這在命理上也算是一個災難。同時，三個月的契約恐怕不能完滿，因爲這就不能不破財了，小楊月樓聽了只是毀譽而不是毀容，總算稍得安慰，因爲若是被毀容，他的名伶生活就要終止，同時也必然是毀譽的；但他不知如何毀譽，只好等待命運的安排了。

爲着解決這個問題，小楊月樓就和那女人作一次最後的話別，把自己接到恐嚇信，說要對他毀容，同時也把到武昌黃鶴樓福吉星命館問過的情形告訴她，表示從此和她不再往來了。那女人因熱愛了小楊月樓，表示死也不肯離開他，若是小楊月樓回到北平，她也要跟到北平去的。

不知怎樣，這內中的消息竟然走了風，過幾天漢口某報的社會新聞發了一個消息，大標題這樣：「寵妾熱戀名伶」。還有兩個小標題：

「軍人側室，紅杏出牆；當代名伶，風流到處。」雖然沒有說明何人，而大家却心裡明白是誰。

毀譽！小楊月樓一看見報紙，五體投地的明白了算命唐道人所說的難免毀譽之事。這消息一登出，武漢三鎮嘩然，街頭巷尾盡是談論此事，當時人們因同情在前方剿匪司令，就對小楊月樓一個名伶竟然行爲不檢大不滿意。影响所至，雖然有的人因此新聞要去看一場小楊月樓的戲，但畢竟不齒他的人多數，所以觀衆突然一落千丈，較之以前必須三天定座的，眞是大有天壤之別了。

破財！這一事又使小楊月樓對命運低頭了。此時他對算命先生所說的「桃花刧」，眞太莫明其妙了。他爲着避免在漢口的大失敗而又繼續破財，他打算與漢口戲院提早結束契約，預備回返北平。

至於那位剿匪司令的寵妾，雖然從那天小楊月樓和她表示決絕的談話之後，僅僅每天通通電話而暫時不再見面了，但在報紙上看到小楊月樓的「毀譽」繼而「破財」，不特對小楊月樓的命運感到萬分的驚奇，同時也對自己的命運感到空前嚴重的憂慮。因爲她既係剿匪司令的寵妾，這報紙上的消息對她的打擊傷害實在太嚴重了。

她記起那天小楊月樓曾告訴她說，算命的說小楊月樓只是犯了桃花刼的命運，雖然不致於有大災禍，而如此毀譽和破財也已經夠嚴重，如果是犯桃花殺的話，將是何種情形呢，而自己有無桃花刼，或是桃花殺呢？

爲着解決這個疑慮與憂慮，有一天她特別化粧樸素的服飾，獨自一人渡過長江到對面黃鶴樓去找福吉星命舘，半小時後，她到了黃鶴樓，也找到了福吉星。她看見命館中有人在算命，就站在門口隨便看看，她看到門口壁上貼有剪報，上面就是報紙談論關于小楊月樓的毀譽和破財之事，在剪報下面就把小楊月樓的八字排出，說明小楊月樓某月某日曾到那裡算過命，當時曾斷定他難免毀譽兼破財，而且不能等待三個月期滿即要離開漢口，回返北平。

這是福吉星命館樂得把這報紙拿來做廣告的，這位司令寵妾看了這廣告心中頗覺不安，於是當她走進命館時，就先對唐道人說：「你門口這廣告雖然做得很好，但不知是否對小楊月樓有何不利呢？被你算準了的命，是否都要這樣做呢？人家是否願意呢？」

福吉星命館主人唐道人就向她解釋說：「像我這樣的情形是難得的機會，因爲小楊月樓是一個名伶，而且消息已見於報紙，當然我曾事先看過他的命，也事先看準了的，就有這權利把它拿來做廣告。同時，那天他來算命時，因爲我把他的事說對了，他就告訴我，他是小楊月樓，所以我才敢把他拿來做廣告。至於其他人等，尤其女人，關係個人名譽的，我絕不會這樣做的。」

這解釋把司令寵妾說得也放心了，她的命不致於被他拿去做廣告的。於是她坐定之後，就向唐道人報出一個八字，說是要「請談流年吉凶」。又說明這八字是她的表姊八字，因爲生病在醫院裡，病情很複雜嚴重，所以特請算命先生把她的八字細看一下，今年她有無什麽危險的關口。

算命先生把那女的八字細看了一下，就問她：「你這表姊前幾年是否一個有名的交際花之流？是不是一個很美麗的女子？」

「是。」她又問：「在八字上也可以看得出她是美是醜嗎？」

「前四年她應當嫁與一個貴人爲妾，去年生了一子對嗎？」算命先生又說：「可惜她命帶兩重桃花，此身既爲人妾，又未能安於家室，乃有今日病情複雜嚴重之事。」

「對的，我們只知道她過去的事，至於最近又有什麽事，我們不清楚，只曉得她身上有病，至於是什麽病，我們也不大清楚，依她的八字看，這病是緊要的嗎？」

唐道人微笑說：「我看她不是身病而是心病，如果是身病，那就是她的丈夫不在家而她身上却有孕了；如果是心病，那就是她在情場上有重大的失意或是嚴重的變故。」他又補充說：「依我看她今年的命運十分危險，又好像她身上不是有孕，恐怕只是爲了桃色事件而有重大的打擊，甚致有極嚴重的變故將要發生的。」

「我看她這樣子也好像不是有孕，恐怕只是心病吧！」她又問：「依她的命運看，就算她有桃色事件的話，可能發生的是什麽變故呢？我曾聽說，桃花運是可避免的，現在她還可以想辦法避免的嗎？如果想辦法對付這桃花事件的話，是否可以想辦法把大事化爲小事，把小事化爲無事呢？如果不可能的話，又將怎樣呢？」

「是的，桃花運原是可以逃避，但必須逃避於前，不能逃避於後，現在她已本已成舟，事情已發生了，那是談不到逃避了。而且她今年所犯的是桃花殺，在命理上這是最惡劣的刼殺，由前月開始，在最近三個月中，難免害人害己，輕則身敗名裂，重則殺身之禍，在所不免。」

算命先生說到這裡，便搖頭說：「依我看凶多吉少！」

這位司令寵妾聽了算命先生如此推斷，帶着萬分沉重的心情離開黃鶴樓，當她由武昌上輪渡小輪過江到漢口時，也曾想到投江自盡，了此孽債；但又想到家裡還有一個不滿兩歲的小孩，而且，她雖是司令的第三妾，却因爲有了這個孩子而特別得寵的，現在她所怕就是這事若被司令知情了，司令很可能派人來取去其子拋棄了她的，當然也可能因爲這個孩子的緣故寬恕她，想到這裡，她就把自己的生命留下來，回到家裡去了！

過了幾天，剿匪司令從前方派了兩個親信的衞兵，來到漢口，說是奉了劉司令的命令，來接太太到前方去暫住，因爲此時軍事吃緊，司令無法分身回來，要她到前方暫住一兩個月再回來。

這事情當然是很特別的；因爲司令並沒有吩咐連小孩也帶去，這明顯的，只是要她個人離開漢口，那時小楊月樓還未離開漢口，可能這事被司令知情了的，所以急要把她接到前方去。當時她心中想，也許司令怕她變心到底，跟小楊月樓去北平，那司令不是太丟臉了嗎？

於是她只好遵命自漢口動身北上到前方去會司令，同時也準備如果司令知情了她向問罪的話，就只好向他請罪求恕，因爲自己做錯了事，除此別無辦法的。

離開漢口北上那天，她只隨那兩個劉司令的心腹衛兵同行，朋友到漢口大智門車站送行時，她突然傷心起來痛哭流淚。大家都知道她是內心懺悔，都安慰她，但她却對送行的人說：「恐怕沒有機會再和你們見面了。」

過幾天漢口劉司令的朋友得到消息，說是劉司令的第三寵妾，在公路上休息時，被護送的衛兵手槍走火，子彈射穿太陽穴，死在路上，衛兵自請處分，被禁閉一個月了事，因爲是出於洗槍走火誤殺，後來有人說這是劉司令的妬火中燒所致，而算命的則便說此乃桃花殺的禍。

王植波死於好運　後人必昌

名作家兼書法家王植波先生，不幸於一九六四年六月二十日在台因飛機失事去世。噩耗傳來，我想文化界著作界人士悼惜他的人定比電影界更多。因他在這短短一生中，貢獻於文字，有其特殊的成就，而貢獻於電影事業，時間太暫，尚未發展他的長才，至於他所留給人間的那下過苦工的書法，也將成爲不朽之作而傳留後世的。

當植波先生逝世的噩耗傳來時，報紙上報導說他今年四十一歲；其實他今年以中國歲算是四十歲，以命理上的足年算，才三十九歲，尚未滿四十歲。外間人也許只知道植波先生現年是四十歲上下，是農曆二月初四日生日，而我這裏却有他的八字。這八字大約是十二年他自己在一個集體旅行中告訴我的。

記得大約是十二年前，本港某大報招待作家，專輪旅遊長洲。那時候王植波先生正在各報上寫他的用「王樹」筆名的小說，作者和他是早就相識了的，不過那次彼此交談的時間較長，他就請我替他看看相，因爲我當時不願意在許多人前談相，所以只給談一前運。

關于他前運的事既然說準了，當然他希望再給他說後運，那時候植波才二十八歲。我對他說，十年之內，一切如意，且必進財，他問我兩件事：「我們靠寫稿的人，還有什麽財可進？中馬票嗎？十年之後的情形又如何？」

當時我因有所不便說下去，只回答他這樣說：「十年之內有小財可進，當然不是寫稿，但也不是中馬票。至於十年之後，我今天還看不準，最好再給我八字，讓我命相合參研究一下。」

於是他就拿了紙筆，開給我這樣的八字：「乙丑、戊寅、辛巳，丁未。」看他那樣子，好像對於命相頗有興趣，他不告訴我出生的年月日時，而很熟悉地把八字開出來。當把這八字遞給我時，對我還說一聲：「有人看我的命，說是四十歲以後很好，有財。」

我就笑笑對他說：「好的，讓我有空時給你細看一下。」但他要馬上就給他先粗看一下，我只好粗看一下了。我問：「你是民國十四年（西曆一九二五年）正月，那一天生日？」因為從這八字上，只能看出年月和時辰，日子是看不出的，要用曆書我才可以知道的。

植波先生回答我說：「不是正月，是二月初四日，因爲還沒有交入二月節氣，所以八字上仍以正月計算。」因爲我們不是瞎子算命，沒有曆書不能扣出行運的日子，所以只能大概看一看，也只對他說一聲：「後運很好！」

之後好像過了幾年，他在香港開了書展，也到過南洋開了書畫展之後，現在記不清楚了，又好像有一次在他的當時住所九龍尖沙咀加拿芬道的時候，在他的住宅附近路上碰着他。他問我把他的命看了沒有？後運如何？

我對他說：「慢談後運，先說前運，前幾年我說你有小財可進，不是靠寫稿也不是中馬票，現在已經應驗了嗎？」他笑笑說：「如果這就算是財，那末我的財氣未免太小了！」接着他又問：「四十歲以後如何？有作爲嗎？」

「有作爲！大有作爲！」這當然只是一般人安慰朋友，鼓勵朋友的話，我當亦不能例外，但我接着說：「三十九歲前後，你必有一個大轉變，有新氣象、新事業，不過，因爲是大轉變，恐怕也難免有挫折，必須度過四十歲，由四十一歲起，那就一帆風順，前途無量了！」這是我對植波先生論命的經過。

最後一次我見過植波先生還是他未轉入電影界之前，記得那次是台灣某畫家在香港大會堂和他開聯合畫展時，我去參觀。

那天我對他的眼相有一些發現。當時他正在招待幾個西人，熱心替他們講解中國書畫的歷史和方法。

那天，在他不注意我的時候，我却發現他的眼睛有沉光的毛病。我想，日常和他親近的人，也可能覺得植波先生的眼睛有些說不出的感覺，依眼相的行運年齡是三十五歲至四十歲，依一般的情形言，他的眼相應在三十八歲有危險，而延到今年三十九歲（相命均以足歲算），還算是拉後了一年。同時又與命理上的八字和流年以及月建都有關係了。

當年我因事忙不會把植波先生的八字細看的，只畧看他走到「甲」運必有大變化。還不敢斷定他竟有死亡之事的。因爲這「甲」運是他的「正財」，同時也走到帮身西方的運，依一般言當以好運論的。好運何以會死於災難呢？其中自有道理。

先談植波先生此次死難的理由，今年他行「甲戌」運，而今歲的流年又是「甲辰」年，而舊曆五月則是「庚午」月，更湊巧得奇，植波先生逝世那天是舊曆五月十一日，日辰「庚子」日「酉」時；現在我雖然不敢說植波先生的死難是否由於冲尅太過，而那天的「甲、庚」冲，「子、午」冲，「辰、戌」冲則是事實。

因爲植波先生的身元是「辛、巳」，「庚、辛」同屬金體；而「甲」是木，乃金的財，所以若僅僅就五行的冲尅看，這甲戌運、甲辰年、庚午月、庚子日，八字全冲，顯然不利，毫無疑義了，依這情形看，那天同機遇難的人，雖然不同八字，但依命理，我們可以斷定的，他們一定「甲庚」、「子午」和「辰戌」不宜冲的人，否則不致於同機遇難。

至於就植波先生的命理看，他是可以不死的，這其中可能是受集體命運的牽累，死難中人，必定有好幾個是必死於非命的命運，所以他就被牽帶去了，眞是可惜！

就命理言，雖然大多數的人都是死於惡運，但也有死於好運的，死於好運的大都死於五行冲尅太過。雖然同是死，而死於惡運和好運，却大有分別。那就是，死於好運的人，身後他不特名譽可得揄揚，尤其是他後人必得發達昌盛，那是一定的道理，過去歷史上此種事實多得很，所有盡忠死難的忠臣，大都死於好運的，而其後人之所以昌達，也就是這種道理。

因此，我們可以斷定，植波先生的二子一女，今後必得夫人翁木蘭女士的教養而成人，而立業，而揚名顯親，那也堪以告慰泉下了。

現在我已把植波先生這八字，交給雙桐館主汪季高先生去研究，因爲這八字除冲尅之外，還有五行上的其他問題，希望他更有精密的看法，把這八字作一個「死於好運」的典型例子，能對命理上有所新心得。

最後我還要請算命先生諸君，特別注意像看植波先生的八字，很容易把這冲尅的事忽畧的地方，切不可忽畧，我此次就是得到植波先生的噩耗之後，才去重看他的八字，才發現有此冲尅太過的事的，我們都相信，命理之道並不太難，而難的倒是細看而不忽畧問題。

32	命學探驪集	【民國】張巢雲	發前人所未發 稀見民初子平命理著作
33	澹園命談	【民國】高澹園	
34	算命一讀通——鴻福齊天	【民國】不空居士、覺先居士合纂	
35	子平玄理	【民國】施惕君	
36	星命風水秘傳百日通	心一堂編	
37	命理大四字金前定	題【晉】鬼谷子王詡	源自元代算命術
38	命理斷語義理源深	心一堂編	稀見清代批命斷語及活套
39－40	文武星案	【明】陸位	失傳四百年《張果星宗》姊妹篇 千多星盤命例 研究命學必備
相術類			
41	新相人學講義	【民國】楊叔和	失傳民初白話文相術書
42	手相學淺說	【民國】黃龍	民初中西結合手相學經典
43	大清相法	心一堂編	重現失傳經典相書
44	相法易知	心一堂編	
45	相法秘傳百日通	心一堂編	
堪輿類			
46	靈城精義箋	【清】沈竹礽	沈氏玄空遺珍 玄空風水必讀
47	地理辨正抉要	【清】沈竹礽	
48	《玄空古義四種通釋》《地理疑義答問》合刊	沈瓞民	
49	《沈氏玄空吹虀室雜存》《玄空捷訣》合刊	【民國】申聽禪	
50	漢鏡齋堪輿小識	【民國】查國珍、沈瓞民	
51	堪輿一覽	【清】孫竹田	失傳已久的無常派玄空經典
52	章仲山挨星秘訣（修定版）	【清】章仲山	章仲山無常派玄空珍秘 門內秘本首次公開 沈竹礽等大師尋覓一生 末得之珍本！
53	臨穴指南	【清】章仲山	
54	章仲山宅案附無常派玄空秘要	心一堂編	
55	地理辨正補	【清】朱小鶴	玄空六派蘇州派代表作
56	陽宅覺元氏新書	【清】元祝垚	簡易・有效・神驗之玄空陽宅法
57	地學鐵骨秘 附 吳師青藏命理大易數	【民國】吳師青	釋玄空廣東派地學之秘
58－61	四秘全書十二種（清刻原本）	【清】尹一勺	玄空湘楚派經典本來面目 有別於錯誤極多的坊本

62	地理辨正補註 附 元空秘旨　天元五歌　玄空精髓　心法秘訣等數種合刊	【民國】胡仲言	貫通易理、巒頭、三元、三合、天星、中醫
63	地理辨正自解	【清】李思白	公開玄空家「分率尺、工部尺、量天尺」之秘
64	許氏地理辨正釋義	【民國】許錦灝	民國易學名家黃元炳力薦
65	地理辨正天玉經內傳要訣圖解	【清】程懷榮	秘訣一語道破，圖文并茂
66	謝氏地理書	【民國】謝復	玄空體用兼備、深入淺出
67	論山水元運易理斷驗、三元氣運說附紫白訣等五種合刊	【宋】吳景鸞等	失傳古本《玄空秘旨》《紫白訣》
68	星卦奧義圖訣	【清】施安仁	三元玄空門內秘笈　清鈔孤本 過去均為必須守秘不能公開秘密 與今天流行飛星法不同
69	三元地學秘傳	【清】何文源	
70	三元玄空挨星四十八局圖說	心一堂編	
71	三元挨星秘訣仙傳	心一堂編	
72	三元地理正傳	心一堂編	
73	三元天心正運	心一堂編	
74	元空紫白陽宅秘旨	心一堂編	
75	玄空挨星秘圖 附 堪輿指迷	心一堂編	
76	姚氏地理辨正圖說 附 地理九星并挨星真訣全圖　秘傳河圖精義等數種合刊	【清】姚文田等	蓮池心法　玄空六法 門內秘鈔本首次公開
77	元空法鑑批點本——附 法鑑口授訣要、秘傳玄空三鑑奧義匯鈔　合刊	【清】曾懷玉等	
78	元空法鑑心法	【清】曾懷玉等	
79	曾懷玉增批蔣徒傳天玉經補註【新修訂版原（彩）色本】	【清】項木林、曾懷玉	
80	地理學新義	【民國】俞仁宇撰	揭開連城派風水之秘
81	地理辨正揭隱（足本）附連城派秘鈔口訣	【民國】王邈達	
82	趙連城傳地理秘訣附雪庵和尚字字金	【明】趙連城	
83	趙連城秘傳楊公地理真訣	【明】趙連城	
84	地理法門全書	仗溪子、芝罘子	巒頭風水，內容簡核、深入淺出
85	地理方外別傳	【清】熙齋上人	巒頭形勢、「望氣」「鑑神」
86	地理輯要	【清】余鵬	集地理經典之精要
87	地理秘珍	【清】錫九氏	巒頭、三合天星，圖文並茂
88	《羅經舉要》附《附三合天機秘訣》	【清】賈長吉	清鈔孤本羅經、三合訣法圖解
89－90	嚴陵張九儀增釋地理琢玉斧巒	【清】張九儀	清初三合風水名家張九儀經典清刻原本！

91	地學形勢摘要	心一堂編	形家秘鈔珍本
92	《平洋地理入門》《巒頭圖解》合刊	【清】盧崇台	平洋水法、形家秘本
93	《鑒水極玄經》《秘授水法》合刊	【唐】司馬頭陀、【清】鮑湘襟	千古之秘，不可妄傳匪人
94	平洋地理闡秘	心一堂編	雲間三元平洋形法秘鈔珍本
95	地經圖說	【清】余九皋	形勢理氣、精繪圖文
96	司馬頭陀地鉗	【唐】司馬頭陀	流傳極稀《地鉗》
97	欽天監地理醒世切要辨論	【清】欽天監	公開清代皇室御用風水真本
三式類			
98-99	大六壬尋源二種	【清】張純照	六壬入門、占課指南
100	六壬教科六壬鑰	【民國】蔣問天	由淺入深，首尾悉備
101	壬課總訣	心一堂編	過去術家不外傳的珍稀六壬術秘鈔本
102	六壬秘斷	心一堂編	
103	大六壬類闡	心一堂編	
104	六壬秘笈——韋千里占卜講義	【民國】韋千里	六壬入門必備
105	壬學述古	【民國】曹仁麟	依法占之，「無不神驗」
106	奇門揭要	心一堂編	集「法奇門」、「術奇門」精要
107	奇門行軍要略	【清】劉文瀾	條理清晰、簡明易用
108	奇門大宗直旨	劉毗	
109	奇門三奇干支神應	馮繼明	天下孤本　首次公開　虛白廬藏本《秘藏遁甲天機》
110	奇門仙機	題【漢】張子房	
111	奇門心法秘纂	題【漢】韓信（淮陰侯）	奇門不傳之秘　應驗如神
112	奇門廬中闡秘	題【三國】諸葛武候註	
選擇類			
113-114	儀度六壬選日要訣	【清】張九儀	清初三合風水名家張九儀擇日秘傳
115	天元選擇辨正	【清】一園主人	釋蔣大鴻天元選擇法
其他類			
116	述卜筮星相學	【民國】袁樹珊	民初二大命理家南袁北韋
117-120	中國歷代卜人傳	【民國】袁樹珊	南袁之術數經典

占筮類			
121	卜易指南(二種)	【清】張孝宜	民國經典，補《增刪卜易》之不足
122	未來先知秘術——文王神課	【民國】張了凡	內容淺白、言簡意賅、條理分明
星命類			
123	人的運氣	汪季高(雙桐館主)	五六十年香港報章專欄結集！
124	命理尋源	【民國】徐樂吾	民國三大子平命理家徐樂吾必讀經典！
125	訂正滴天髓徵義		
126	滴天髓補註 附 子平一得		
127	窮通寶鑑評註 附 增補月談賦 四書子平		
128	古今名人命鑑		
129-130	紫微斗數捷覽(明刊孤本)[原(彩)色本] 附 點校本 (上)(下)	馮一、心一堂術數古籍整理編校小組 整理	明刊孤本 首次公開！
131	命學金聲	【民國】黃雲樵	民國名人八字、六壬奇門推命
132	命數叢譚	【民國】張雲溪	子平斗數共通、百多民國名人命例
133	定命錄	【民國】張一蟠	民國名人八十三命例詳細生平
134	《子平命術要訣》《知命篇》合刊	【民國】鄒文耀、【民國】胡仲言撰	《子平命術要訣》科學命理；《知命篇》易理皇極、命理地理、奇門六壬互通
135	科學方式命理學	閻德潤博士	匯通八字、中醫、科學原理！
136	八字提要	韋千里	民國三大子平命理家韋千里必讀經典！
137	子平實驗錄	【民國】孟耐園	作者四十多年經驗 占卜奇靈 名震全國！
138	民國偉人星命錄	【民國】囂囂子	幾乎包括所民初總統及國務總理八字！
139	千里命鈔	韋千里	失傳民初三大命理家-韋千里 代表作
140	斗數命理新篇	張開卷	現代流行的「紫微斗數」內容及形式上深受本書影響
141	哲理電氣命數學——子平部	【民國】彭仕勛	命局按三等九級格局、不同術數互通借用
142	《人鑑——命理存驗·命理擷要》(原版足本)附《林庚白家傳》	【民國】林庚白	傳統子平學修正及革新、大量名人名例
143	《命學苑苑刊——新命》(第一集)附《名造評案》《名造類編》等	【民國】林庚白、張一蟠等撰	史上首個以「唯物史觀」來革新子平命學結集
相術類			
144	中西相人探原	【民國】袁樹珊	按人生百歲，所行部位，分類詳載
145	新相術	【美國】李拉克福原著、【民國】沈有乾編譯	通過觀察人的面相身形、色澤舉止等，得知性情、能力、習慣、優缺點等
146	骨相學	【民國】風萍生編著	結合醫學中生理及心理學，影響近代西、日、中相術深遠
147	人心觀破術 附運命與天稟	【日本】管原如庵、加藤孤雁原著，【民國】唐真如譯	觀破人心、運命與天稟的奧妙

148	《人相學之新研究》《看相偶述》合刊	盧毅安	集中外大成，無不奇驗；影響近代香港相術名著
149	冰鑑集	【民國】碧湖鷗客	各家相法精華、相術捷徑、圖文並茂附名人照片
150	《現代人相百面觀》《相人新法》合刊	【民國】吳道子輯	失傳民初相學經典二種　重現人間！
151	性相論	【民國】余晉龢	民初北平公安局專論相學與犯罪專著（犯罪學生物學派）
152	《相法講義》《相理秘旨》合刊	韋千里、孟瘦梅	命理學大家韋千里經典、傳統相術秘籍精華
153	《掌形哲學》附《世界名人掌形》《小傳》	【民國】余萍客	圖文并茂、附歐美名人掌形圖及生平簡介
154	觀察術	【民國】吳貴長	可補充傳統相術之不足
堪輿類			
155	羅經消納正宗	【明】沈昇撰、【明】史自成、丁孟章合纂	失傳四庫存目珍稀風水古籍
156	風水正原	【清】余天藻	●積德為求地之本，形家必讀！
157	安溪地話（風水正原二集）		●純宗形家，與清代欽天監地理風水主張大致相同
158	《蔣子挨星圖》附《玉鑰匙》	傳【清】蔣大鴻等	窺知無常派章仲山一脈真傳奧秘
159	樓宇寶鑑	吳師青	陽宅風水必讀、現代城市樓宇風水看法改革
160	《香港山脈形勢論》《如何應用日景羅經》合刊		香港風水山脈形勢專著
161	三元真諦稿本──讀地理辨正指南	【民國】王元極	被譽為蔣大鴻、章仲山後第一人內容直接了當，盡揭三元玄空家之秘
162	三元陽宅萃篇		
163	王元極增批地理冰海　附批點原本地理冰海	【清】高守中　【民國】王元極	
164	地理辦正發微	【清】唐南雅	極之清楚明白，披肝露膽
165-167	增廣沈氏玄空學　附　仲山宅斷秘繪稿本三種、自得齋地理叢說稿鈔本（上）（中）（下）	【清】沈竹礽	玄空必讀經典！附《仲山宅斷》幾種鈔本及批點本，畫龍點睛、披肝露膽，道中刊印本未點破的秘訣
168-169	巒頭指迷（上）（下）	【清】尹貞夫原著、【民國】何廷珊增訂、批注	圖文并茂：龍、砂、穴、水、星辰九十九變 洩漏天機：蔣大鴻、賴布衣挨星秘訣及用法
170-171	三元地理真傳（兩種）（上）（下）	【清】趙文鳴	蔣大鴻嫡派真傳張仲馨一脈二十種家傳秘本、宅墓案例三十八圖，並附天星擇日
172	三元宅墓圖　附　家傳秘冊		
173	宅運撮要	【民國】尤惜陰（演本法師）、榮柏雲	撮三集《宅運新案》之精要
174	章仲山秘傳玄空斷驗筆記　附　章仲山斷宅圖註	【清】章仲山傳、【清】唐鷺亭纂	無常派玄空不外傳秘中秘！二宅實例有斷驗及改造內容
175	汪氏地理辨正發微　附　地理辨正真本	【清】蔣大鴻、姜垚原著、【清】汪云吾發微	蔣大鴻嫡派張仲馨一脈三元理、法、訣具體泄露 三百年來最佳《地理辦正》註解！石破天驚！
176	蔣大鴻家傳歸厚錄汪氏圖解	【清】蔣大鴻、【清】汪云吾圖解	
177	蔣大鴻嫡傳三元地理秘書十一種批注	【清】蔣大鴻原著、【清】汪云吾、【清】劉樂山註	

178	《星氣(卦)通義(蔣大鴻秘本四十八局圖并打劫法)》《天驚秘訣》合刊	題【清】蔣大鴻 著	江西興國真傳三元風水秘本
179	蔣大鴻嫡傳天心相宅秘訣全圖附陽宅指南等秘書五種	【清】蔣大鴻編訂、【清】汪云吾、劉樂山註	蔣大鴻徒張仲馨秘傳陽宅風水「教科書」！
180	家傳三元地理秘書十三種		真天宮之秘 千金不易之寶
181	章仲山門內秘傳《堪輿奇書》附《天心正運》	【清】章仲山傳、【清】華湛恩	直洩無常派章仲山玄空風水不傳之秘
182	《挨星金口訣》、《王元極增批補圖七十二葬法訂本》合刊	[民國]王元極	秘中秘——玄空挨星真訣公開！字字千金！
183-184	《家傳三元古今名墓圖集附謝氏水鉗》《蔣氏三元名墓圖集》合刊(上)(下)	(清)孫景堂，劉樂山，張稼夫	蔣大鴻嫡傳風水宅案、幕講師、蔣大鴻、姜垚等名家多個實例，破禁公開！
185-186	《山洋指迷》足本兩種 附《尋龍歌》(上)(下)	【明】周景一	風水巒頭形家必讀《山洋指迷》足本！
187-196	蔣大鴻嫡傳水龍經注解 附 虛白廬藏珍本水龍經四種(1-10)	【清】蔣大鴻編訂、【清】楊臥雲、汪云吾、劉樂山註	蔣大鴻嫡傳一脈授徒秘笈 希世之寶 千年以來，師師相授之秘旨，破禁公開！完整了解蔣氏嫡派真傳一脈三元理、法、訣！附已知最古《水龍經》鈔本等五種稀見《水龍經》
197	批注地理辨正直解	【清】章仲山	無常派玄空必讀經典未刪改本！
198	《天元五歌闡義》附《元空秘旨》(清刻原本)		
199	心眼指要(清刻原本)		
200	華氏天心正運	【清】華湛恩	
201-202	批注地理辨正再辨直解合編(上)(下)	【清】蔣大鴻原著、【清】姚銘三再註、【清】章仲山直解	失傳姚銘三玄空經典重現人間！名家：沈竹礽、王元極推薦！
203	章仲山注《玄機賦》《元空秘旨》附《口訣中秘訣》《因象求義》等九種合刊	【清】章仲山	近三百年來首次公開！ 章仲山無常派玄空秘密，和盤托出！章仲山注《玄機賦》及章仲山原傳之口訣及筆記
204	章仲山門內真傳《三元九運挨星篇》《運用篇》《挨星定局篇》《口訣篇》等合刊	【清】章仲山、柯遠峰等	
205	章仲山門內真傳《大玄空秘圖訣》《天驚訣》《飛星要訣》《九星斷略》《得益錄》等合刊	【清】章仲山、冬園子等	
206	撼龍經真義	吳師青註	近代香港名家吳師青必讀經典
207	章仲山嫡傳《翻卦挨星圖》《秘鈔元空秘旨》 附《秘鈔天元五歌闡義》	【清】章仲山傳、【清】王介如輯撰	透露章仲山家傳玄空嫡傳學習次弟及關鍵不傳之秘
208	章仲山嫡傳秘鈔《秘圖》《節錄心眼指要》合刊		
209	《談氏三元地理大玄空實驗》附《談養吾秘稿奇門占驗》	【民國】談養吾撰	史上首次公開「無常派」下卦起星等挨星秘密之書
210	《談氏三元地理濟世淺言》附《打開一條生路》		了解談氏入世的易學卦德爻象思想
211-215	《地理辨正集註》附 《六法金鎖秘》《巒頭指迷真詮》《作法雜綴》等(1-5)	【清】尋緣居士	集《地理辨正》一百零八家註解大成精華 匯巒頭及蔣氏、六法、無常、湘楚等秘本 史上最大篇幅的《地理辨正》註解
216	三元大玄空地理二宅實驗(足本修正版)	【民國】尤惜陰(演本法師)、榮柏雲撰	三元玄空無常派必讀經典足本修正版

217	蔣徒呂相烈傳《幕講度針》附《元空秘斷》《陰陽法竅》《挨星作用》	【清】呂相烈	蔣大鴻門人呂相烈三元秘本三百年來首次破禁公開！
218	挨星撮要（蔣徒呂相烈傳）		
219-221	《沈氏玄空挨星圖》《沈註章仲山宅斷未定稿》《沈氏玄空學（四卷原本）》合刊（上中下）	【清】沈竹礽 等	揭開沈氏玄空挨星五行吉凶斷的變化及不同用法 章仲山宅斷未刪本、沈氏玄空學原本佚文、玄空挨星圖稿鈔本 大公開！
222	地理穿透真傳（虛白廬藏清初刻原本）	【清】張九儀	三合天星家宗師張九儀畢生地學精華結集
223-224	地理元合會通二種（上）（下）	【清】姚炳奎	分發兩家（三元、三合）之秘，會通其用 詳解注羅盤（蔣盤、賴盤）；義理、斷驗俱精
其他類			
225	天運占星學 附 商業周期、股市粹言	吳師青	天星預測股市，神準經典
226	易元會運	馬翰如	《皇極經世》配卦以推演世運與國運
三式類			
227	大六壬指南（清初木刻五卷足本）		六壬學占驗課案必讀經典海內善本
228-229	甲遁真授秘集（批注本）（上）（下）	【清】薛鳳祚	明清皇家欽天監秘傳奇門遁甲 奇門、易經、皇極經世結合經典
230	奇門詮正	【民國】曹仁麟	簡易、明白、實用，無師自通！
231	大六壬探源	【民國】袁樹珊	民初三大命理家袁樹珊研究六壬四十餘年代表作
232	遁甲釋要	【民國】徐昂	推衍遁甲、易學、洛書九宮大義！
233	《六壬卦課》《河洛數釋》《演玄》合刊		疏理六壬、河洛數、太玄隱義！
234	六壬指南（【民國】黃企喬）	【民國】黃企喬	失傳經典 大量實例
選擇類			
235	王元極校補天元選擇辨正	原【清】謝少暉輯、【民國】王元極校補	三元地理天星選日必讀
236	王元極選擇辨真全書 附 秘鈔風水選擇訣	【民國】王元極	王元極天昌館選擇之要旨
237	蔣大鴻嫡傳天星選擇秘書注解三種	【清】蔣大鴻編訂、【清】楊臥雲、汪云吾、劉樂山註	蔣大鴻陰陽二宅天星擇日日課案例！
238	增補選吉探源	【民國】袁樹珊	按表檢查，按圖索驥：簡易、實用！
239	《八風考略》《九宮撰略》《九宮考辨》合刊	沈瓞民	會通沈氏玄空飛星立極、配卦深義
其他類			
240	《中國原子哲學》附《易世》《易命》	馬翰如	國運、世運的推演及預言